I0044969

GESCHAFFEN *für den* ERFOLG

Schlüsselprinzipien für ein großartiges Leben

SCOTT ALLAN

Geschaffen für den Erfolg

Schlüsselprinzipien für ein
großartiges Leben

Weitere Bestsellertitel von
Scott Allan

www.scottallanbooks.com

Geschaffen für den Erfolg

Schlüsselprinzipien für ein großartiges Leben

Scott Allan

www.scottallanbooks.com

Copyright © 2025 bei Scott Allan Publishing

Geschaffen für den Erfolg: Schlüsselprinzipien für ein großartiges Leben / Scott Allan

Alle Rechte vorbehalten.

Kein Teil dieser Veröffentlichung darf ohne vorherige schriftliche Genehmigung des Herausgebers in irgendeiner Form oder durch irgendwelche Mittel, einschließlich Fotokopieren, Aufzeichnen oder anderer elektronischer oder mechanischer Verfahren, vervielfältigt, verbreitet oder übertragen werden, mit Ausnahme kurzer Zitate in Rezensionen und bestimmter anderer nicht kommerzieller Verwendungen, die durch das Urheberrecht gestattet sind.

Die in diesem Buch enthaltenen Materialien dienen ausschließlich Informationszwecken und sollten nicht als Ersatz für die fachliche Ausbildung und das professionelle Urteil einer medizinischen oder psychiatrischen Fachkraft verwendet werden.

www.scottallanbooks.com

INHALT

"Erfolg bedeutet, das Beste aus dem zu machen, was wir haben. Erfolg ist das Tun, nicht das Bekommen; im Versuch, nicht im Triumph. Erfolg ist ein persönlicher Maßstab, das Streben nach dem Höchsten in uns, alles zu werden, was wir sein können."

- Zig Ziglar

Geschaffen für den Erfolg: Ein kurzer Überblick

Eine meiner Grundüberzeugungen ist, dass ein gut gelebtes Leben auf einem stetigen Weg des Fortschritts aufgebaut ist. Ich glaube, dass Fortschritt, wie Tony Robbins sagte, "der einzige Maßstab für Erfolg" ist.

Diese Verpflichtung, ein außergewöhnliches Leben zu führen, schafft Dynamik und entfacht deine Leidenschaft, schwierige Dinge zu tun, auch wenn du dich nicht danach fühlst.

Die zweite Säule der Stärke ist die **Identitätsbildung**. Ich spreche darüber in *Geschaffen für den Erfolg*, aber ich muss es hier zu Beginn unserer gemeinsamen Reise erwähnen. Deine Identität - die Werte, die du für dich als wahr erachtest - ist der Kern von allem, was möglich ist.

Wenn du glaubst, dass es möglich ist, mach es möglich.

Die Versprechen, die du dir selbst gibst, bilden wesentliche Gewohnheiten, die zu Wiederholungen führen. Und was du wiederholst, ist das, was du wirst. Wenn du zu einer Person wirst, die konsequent wiederholt, und deine Handlungen dich auf ein Muss-Ziel hinführen, summiert sich jeder kleine Gewinn allmählich, um später den großen Preis zu bringen.

Dein Engagement, deine harte Arbeit, deine Entschlossenheit und deine Widerstandsfähigkeit führen zu einem kugelsicheren Lebensstil, der in jedem Bereich deines Lebens die Messlatte höher legt: Deine persönlichen Beziehungen, dein Geschäft und deine Träume fügen sich zu einem Ganzen zusammen.

Eine der stärksten Aussagen, die du für dich selbst verwenden kannst, ist: "Ich bin der Typ Mensch, der (Handlungsaussage) ...".

"Ich bin ein Mensch, der alles tut, was nötig ist."

"Ich bin ein Mensch, der hart arbeitet, bis ich meine Ziele erreicht habe."

"Ich bin ein Mensch, der sich um seine Freunde und seine Familie kümmert."

Deine Identitätsaussagen sind mächtig, und wenn du dieses Buch durcharbeitest, beginnst du jeden Tag damit, dass du morgens als Erstes fünf Identitätsaussagen wiederholst.

Ein erfolgreiches Leben beginnt immer im Kopf, und eine Identität für die Art von Person zu schaffen, die du werden willst, beginnt damit, diese Person jetzt zu sein.

Mit diesen Lektionen können wir in den Rahmen eintauchen und die Strategien erlernen, die Veränderungen bewirken und die Dynamik fördern.

Dein Fahrplan zum Erfolg in 30 Minuten pro Tag oder weniger

Ich liebe es, zu lernen und über die Grenzen hinauszugehen, die mir mein Verstand gesetzt hat. Wir alle haben Grenzen, und die meisten davon sind selbst auferlegte Grenzen, die auf den Lügen beruhen, die wir uns lange Zeit eingeredet haben.

Als Autor habe ich es mir zur Aufgabe gemacht, Menschen dabei zu helfen, die Barrieren von Ablehnung, Angst und falschen Glaubenssätzen zu durchbrechen, die uns festhalten. Wahrscheinlich lebst du ein Leben weit unter deinem Potenzial, und mein Ziel bei der Erstellung von Büchern, Zeitschriften und Kursen ist es, dir eine universelle Trainingsplattform zu bieten. Betrachte dies als deine Ausbildung in einer anderen Welt, und du bist der Baumeister dieser Welt. Du entscheidest, wie sie aussehen und sich anfühlen wird.

Du schaffst Gelegenheiten, anstatt darauf zu warten, dass sie sich ergeben. Du baust den Weg, den du gehen willst, anstatt den Weg zu beschreiten, der bereits beschritten wurde. Du lernst aus Misserfolgen, anstatt Verluste zu vermeiden und nichts zu tun. Du wirst die beste Version von dir selbst und hältst dich an deine höchsten Werte, anstatt jemand anderen entscheiden zu lassen, wer du sein solltest.

Ja, du kannst dieses Leben von heute an und an allen kommenden Tagen gestalten.

Ich möchte, dass du Erfolg hast. Wenn du hier bist, willst du die beste Version von dir selbst werden, die alle selbst auferlegten Erwartungen übertrifft, an die du dich vielleicht hältst.

Stelle dir für die nächsten fünf Minuten dein Leben vor, wie es sich in den nächsten zehn Jahren entfalten wird. Wie möchtest du, dass es sich entfaltet? Wie sieht die Geschichte aus, die du für dich selbst entwirfst? Welche Erfahrungen stellst du dir vor? Wie wird dein Traum wahr werden? Was bist du bereit zu tun, um ihn zu verwirklichen?

"Du kannst nur scheitern, wenn du dich selbst scheitern lässt. Du wirst unaufhaltsam, wenn du deine verborgenen Fähigkeiten erschließt und entdeckst, wozu du wirklich fähig bist. Das ist der Weg, um dein Leben, deinen Erfolg und alles dazwischen zu stärken.

Warte nicht auf eine Gelegenheit. Es besteht ein Unterschied zwischen Geduld und der Erwartung, dass sich etwas ändert, ohne dass man bewusst handelt. Echte Veränderungen – die Möglichkeiten, die du durch dein Handeln schaffst – treten ein, wenn du ein fast unmögliches Ziel anstrebst.

Das Ziel ist es, deine Vision – deinen Traum – in einen greifbaren Lebensstil zu verwandeln. In meiner Arbeit und meinen Lehren dreht sich alles um die Klarheit der Ziele. Zu wissen, was du willst, und dann alles zu tun, was nötig ist, um es zu erreichen. Ich lehre keine Patentrezepte oder wie man mit einer einfachen Strategie über Nacht erfolgreich wird.

Ich biete praxisnahe Aktionspläne, die durch konsequentes, massives Handeln zu greifbaren

Ergebnissen führen. Ich glaube an eine nachhaltige Entwicklung. Es geht nicht nur um Lobeshymnen und ein gutes Gefühl, sondern um bewusstes Handeln und ein gutes Gefühl für die erfolgreichen Ergebnisse, die du dir wünschst.

Die Strategien in diesem Buch bieten eine detaillierte Karte, um deine Aufmerksamkeit in die richtige Richtung zu lenken.

Wie man *"Geschaffen für den Erfolg"* liest

Geschaffen für den Erfolg ist eine Zusammenstellung der besten Frameworks, die ich entwickelt habe, um herausragenden Menschen — genau wie dir — zu helfen, persönliche Grenzen zu überwinden und selbst auferlegte Beschränkungen zu durchbrechen. Die Kapitel in *Geschaffen für den Erfolg* wurden von einigen der besten Strategien übernommen, die ich in meinen Büchern, Kursen und im persönlichen Training vermittelt habe.

Du kannst mit Kapitel 1 beginnen und das Buch von vorne bis hinten lesen. Oder du kannst jeden Tag ein Kapitel auswählen und in beliebiger Reihenfolge lesen. Ich empfehle, mit Kapitel 1 zu beginnen: 6 Schritte, um dort anzufangen, wo du bist. Danach kannst du dir die Lektionen aussuchen, die zu deinem Interessengebiet passen. Du kannst das Hörbuch auch hier herunterladen und dir *Geschaffen für den Erfolg* unterwegs anhören.

Der Rahmen für *Geschaffen für den Erfolg* besteht aus diesen Grundprinzipien, wie sie im Buch erscheinen:

– 6 Schritte, um dort anzufangen, wo du bist

– 11 Eigenschaften epischer Performer

– Die 6-Schritte-Formel, um schlechte Gewohnheiten abzulegen

– Die Auswirkungen des großen Scheiterns meistern

– Der 7-Schritte-Rahmen für kontinuierlichen Wandel

– Kontrolle von Ablenkungen und Umgang mit dem "Shiny Object"-Syndrom

– 7 Wege, dein Gehirn neu zu trainieren

– 5 einfache Schritte, um die Angst in den Griff zu bekommen (und dein Bestes zu geben)

— 7 Tipps für den Umgang mit Ablehnungsempfindlichkeit

– Was es braucht, um zu gewinnen (und dein größtes Geschenk zu meistern)

– Wie du deinem Leben einen Sinn gibst

– deine Besessenheit entwickeln (und alles tun, was nötig ist)

Begleite mich, wenn ich dir die Grundsätze erläutere und dir zeige, wie du diesen Plan in deinem Leben anwenden kannst.

Du bist der Baumeister deines Schicksals, und das Zusammensetzen der Bausteine für dein Leben beginnt mit dem ersten Schritt.

Wenn du bereit bist, ist es an der Zeit, einen Schritt nach vorne zu machen.

Fangen wir an.

Scott Allan

6 Schritte, um dort anzufangen, wo du bist

Die meisten Menschen scheitern daran, ihre Ziele zu erreichen, weil sie es nicht schaffen, etwas zu beginnen. Sie sitzen und warten und verstricken sich in zu viele Details, die zu überwältigenden Gefühlen führen. Das ruft Versagensängste hervor und weckt Erinnerungen an Dinge, die man in der Vergangenheit begonnen ... und aufgegeben hat.

Du verhandelst mit deinem Verstand und entscheidest, dass jetzt nicht der richtige Zeitpunkt ist. Die Ausreden setzen ein. Du sagst dir: "Ich warte, bis ...".

- "Ich finanziell stabil bin."

- "Die Dinge besser sein werden als sie jetzt sind."

- "Meine Kinder älter sind und ich mehr Zeit habe ".

- "Ich mich sicherer als jetzt fühle."

Die Ausreden halten einen zurück und man kommt nie richtig in Gang. Wenn du anfangen willst, musst du anfangen. Wenn du nichts auf das leere Blatt schreibst, wird es leer bleiben, bis du den Stift zu Papier bringst. Schreib ein Wort. Nur eines. Dann schreib ein weiteres. Mach einen Satz daraus.

Klingt zu einfach? Du hast gerade etwas begonnen. Alles beginnt mit dem ersten Schritt, egal wie einfach er auch sein mag.

Worauf wartest du noch? Auf den perfekten Tag für den Start, die besten Wetterbedingungen oder darauf, dass du dich am besten fühlst und unschlagbar bist?

Die Bedingungen können sich ändern. Der beste Zeitpunkt, dein Leben zu beginnen, war gestern. Der nächstbeste Zeitpunkt ist genau jetzt. Was auch immer deine Bedürfnisse sind – reich oder pleite, traurig oder glücklich, bereit oder nicht – wir beginnen JETZT.

Treffe die Entscheidung, nicht mehr zu warten, sondern zu handeln. Schalte den Fernseher aus. Geh in die Stille und bereite deinen Geist auf das vor, was kommen wird.

Es spielt keine Rolle, wo du dich in deinem Leben befindest, wie sehr du versagt hast oder wie hoffnungslos deine Situation erscheint. Egal, wo du bist, wer du bist oder wie weit du in der Vergangenheit gefallen bist, du kannst dort beginnen, wo du bist. Es ist nie zu spät, erfolgreich zu sein, das Morgen besser zu machen als das Gestern und das Heute besser zu machen als das Gestern.

Prokrastination ist ein Hirngespinst, das du mit einfachen, in deine Routine eingebauten Aufgaben besiegen kannst. Wenn die Prokrastination dich zurückhält und du Ausreden erfindest, warum du jetzt nicht anfangen kannst, tu das Einfachste, was du dir vorstellen kannst.

Jahrelang habe ich es vor mir hergeschoben, eine Bewerbung auszufüllen, die ich eigentlich erledigen musste. Aber ich wusste, dass es ein langwieriger Prozess war, und ich würde nicht sagen, dass ich Bewerbungen mag. Also fragte ich mich eines Tages: "Was ist das Einfachste, was ich tun kann, um anzufangen?"

Ich habe meinen Namen auf die Bewerbung geschrieben. Dann das Datum. Innerhalb einer Stunde hatte ich das meiste davon ausgefüllt. Ich habe drei Jahre gewartet, um etwas zu tun, das in weniger als einer Stunde hätte erledigt werden können.

Warte nicht. Du wirst es bereuen. Beginne deine Reise mit mir heute.

Mark Twain sagte einmal: "Das Geheimnis des Vorankommens ist, anzufangen."

Also, fangen wir an. Fang dort an, wo du bist. Mit dem, was du hast. In diesem Moment. Mit dem, was du bist.

Erste Schritte: Aktionsschritte

(1) Mache einen Plan. Plane deine Arbeit und führe dann deinen Plan aus! Bevor du eine Reise antrittst, musst du dein Ziel kennen oder zumindest die Richtung, in die du reisen willst. Der Plan, den du erstellst, ist deine Blaupause für die Zukunft; er enthält alle wichtigen Konzepte und detaillierte Schritte für jeden Teil der Reise.

(2) Sammle die Informationen und Ressourcen, die du benötigst. Dies ist eine gute Möglichkeit, deinen Plan zu beginnen. Wenn du über Wissen oder spezifische Informationen verfügst, bevor du loslegst, kannst du Zeit und unnötige Mühe sparen.

(3) Teile die Aufgabe in überschaubare Abschnitte auf. Einer der Gründe, warum wir uns scheuen, etwas Neues zu beginnen, ist die Größe der Aufgabe, die vor uns liegt. Wenn du vor dem höchsten Berg der Welt stehst, scheint er ein unüberwindliches Hindernis zu sein.

Wenn man ein Projekt, ein Ziel oder etwas, das erledigt werden muss, im Kopf hat, haben viele Menschen Angst, etwas zu tun. Garagen und Keller bleiben unaufgeräumt, wichtige Arbeiten werden auf halbem Weg verworfen, Bücher und Gemälde bleiben unvollendet, und die Fähigkeit, etwas zu vollenden, wird entmutigend.

(4) Wichtige Kontakte knüpfen. Eines der Hindernisse für sofortiges Handeln ist das Knüpfen der richtigen Kontakte zu Menschen, die uns zum Erfolg verhelfen können. Ich habe in der Vergangenheit einige hervorragende Gelegenheiten verpasst, weil ich mich nicht an die Personen gewandt habe, die mir die richtige Richtung hätten weisen können.

Wenn es eine Gruppe oder sogar einen Mentor gibt, von dem du weißt, dass du ihn in deiner aktuellen Situation um Rat fragen solltest, nimm sofort Kontakt zu ihm auf. Selbst wenn du deren

Dienste noch nicht benötigst, setzt du mit diesem ersten Schritt die Räder in Bewegung.

(5) Hör auf, darüber zu reden; tu es einfach!

Hast du schon einmal darüber gesprochen, etwas zu tun, um dann Monate oder Jahre später festzustellen, dass du es immer noch nicht getan hast? Wenn ja, dann bist du nicht allein.

Jeder hat das schon mindestens einmal in seinem Leben erlebt: Du hast gute Absichten, das zu tun, wovon du geredet hast, aber du kommst einfach nicht dazu, es zu tun. Vielleicht hat man dir sogar unterstellt, dass du nur redest und nichts tust, wie ein Huhn, das den ganzen Tag gackert, aber keine Eier legt.

Die Wahrheit ist, dass die Menschen nicht auf billige Worte darüber reagieren, was du tun willst. Sie hören vielleicht einmal zu, wenn du ihnen sagst, dass du dies und jenes tun wirst, aber Tatsache ist, dass Taten lauter sprechen als Worte. Das war schon immer so und wird auch so bleiben.

Es ist völlig in Ordnung, anderen von etwas zu erzählen, das du schon lange tun wolltest, aber wenn du Jahre später immer noch das Gleiche sagst, wirst du irgendwann aufhören, dir selbst zuzuhören, und andere werden aufhören, dir zuzuhören. Sei ein Mensch, der die Dinge erledigt, nicht nur für andere, sondern auch für dich selbst!

(6) Setze die 5-Sekunden-Regel um. Diese Strategie stammt von dem Weltklasse-Redner Mel Robbins, dem Autor von *The 5 Second Rule und The High Five Habit*. Die Funktionsweise ist einfach. Wenn du zögerst, etwas zu beginnen, zähle von fünf herunter und befolge diese drei Schritte.

5... 4... 3... 2... 1...

1. Atme tief ein. Atmen hat viele Vorteile, und wenn du einen tiefen Atemzug nimmst, ihn drei Sekunden lang anhältst und dann loslässt, setzt du die Energie frei, die dich zurückhält.

2. Tu das Einfachste, was möglich ist. Das kann sein, dass du deinen Laptop aufklappst oder einen Bleistift in die Hand nimmst. Was auch immer es ist, du nimmst die einfachste Handlung vor, um Schwung zu erzeugen. Schwung ist Energie in Bewegung, und um sie in Gang zu bringen, musst du den ersten Schritt tun.

3. Verpflichte dich, zehn Minuten zu arbeiten. Das ist alles. Du musst das nicht eine Stunde lang tun oder dir für den ganzen Tag zu viel vornehmen. Nur zehn Minuten und du bist auf dem besten Weg, mit der Aufgabe zu beginnen, die du aufgeschoben hast.

Lass uns eine kurze Übung machen. Such dir etwas aus, mit dem du schon lange anfangen wolltest, aber keine Zeit dafür gefunden hast. Ist dein Haus ein Chaos? Ein Musikinstrument, das du spielen möchtest? Ins Fitnessstudio gehen, um zu trainieren? Ein Projekt, das schon seit fünf Jahren auf deiner To-Do-Liste steht?

Was auch immer es ist, schreibe es jetzt auf. Okay, bereit?

Mach den einfachsten Schritt, den du tun kannst.

- Du schreibst eine wichtige E-Mail? Schreib den ersten Satz.

- Du möchtest trainieren? Beginne zu Hause mit Dehnübungen und leichten Gewichten.

- Du putzt dein Haus? Beginne damit, Dinge aufzusammeln und wegzuräumen.

- Du lernst Gitarre spielen? Übe nur einen Akkord.

- Du willst tippen lernen? Melde dich für einen kostenlosen Online-Kurs an, der dir die Grundlagen beibringt. Nimm die erste Lektion.

Denk nicht zu lange darüber nach, was du tun wirst. Tu einfach etwas. Fang an.

Halte nach 10 Minuten inne und schau, wie du dich fühlst. Fühlst du dich angeregt und motiviert, weiterzumachen?

Viele Menschen denken, dass sie "motiviert" sein müssen, um anzufangen. Aber so funktioniert das nicht. Motivation entsteht nur, wenn du zuerst etwas tust. Die Motivation, weiterzumachen, folgt auf dein Handeln.

Selbst wenn du Monate oder Jahre brauchst, um etwas zu vollenden, gibt dir dieser erste Schritt den nötigen Schwung. Anstatt Zeit damit zu verschwenden, darüber nachzudenken, kannst du anfangen, wann immer du willst. Du kannst dies mit allem tun. Versuche es mit einer vorrangigen Aufgabe, die deine Gefühle verändern wird.

Aktion Aufgabe: Fange jetzt an.

Stelle einen Timer für 10 Minuten. Konzentriere dich in dieser Zeit auf deine Aufgabe und nur auf diese eine Sache. Du kannst dies jeden Tag anwenden, wenn du eine vorrangige Aufgabe in Angriff nimmst. Der einzige Weg, etwas gut zu machen, ist, es oft zu tun.

Die 10 Eigenschaften von epischen Überfliegern

Wenn man sich die lange Liste der herausragenden Persönlichkeiten auf der ganzen Welt ansieht, gibt es eine Reihe von Merkmalen, die sie von mittelmäßigen Leistungen unterscheiden. Die Illusion, an die die meisten von uns glauben, ist jedoch, dass epische Überflieger - Jeff Bezos, Oprah Winfrey, Steven Spielberg, Steve Jobs - mit einem Genie und einer Begabung geboren wurden, die du und ich einfach nicht haben.

Die Genetik spielt zwar eine Rolle, aber sie ist nicht der entscheidende Faktor dafür, wer außergewöhnliche Leistungen erbringt. Indem wir uns die Eigenschaften epischer Überflieger zum Vorbild nehmen, können du und ich das Spielfeld ebnen und unsere eigene Version von Erfolg schaffen.

Hier ist eine kurze Liste von epischen Leistungsmerkmalen, die die Besten der Welt gemeinsam haben, wenn es darum geht, dynamische Ergebnisse zu erzielen. Und auch du kannst großartige Ergebnisse erzielen, indem du dir die besten Eigenschaften dynamischer Leistungsträger zu eigen machst.

1. Epische Überflieger haben klare, präzise Ziele, die mit ihrer größten Leidenschaft übereinstimmen.

Sie wissen genau, was sie wollen. Dieses Maß an Klarheit über unsere Ziele treibt uns dazu an, konsequent zu handeln, egal unter welchen Umständen.

Wenn du deine Ziele vor Augen hast und einen umsetzbaren Plan für den Weg dorthin hast, kannst du alles in ein positives Ergebnis verwandeln, indem du einen umsetzbaren Plan umsetzt.

Wenn du ein Ziel hast, über das du nicht aufhören kannst nachzudenken, das dich nachts wachhält, dann musst du es in die Tat umsetzen. Verwandle deine Besessenheit in Realität, indem du sie in die Tat umsetzt.

Erzähle den Menschen von deinem Ziel. Du musst es mit den Menschen teilen. Selbst wenn sie sich nicht interessiert zeigen, werden sie aufhorchen, wenn die Veränderungen in deinem Leben offensichtlich werden. Anstatt dich zu fragen: "Bist du dir sicher, dass du das tun solltest?", werden die Leute anfangen zu fragen: "Wie hast du das gemacht?"

Wovon bist du am meisten fasziniert? Was ist die eine Idee, die dich ständig beschäftigt? Wie kannst du diese Leidenschaft kanalisieren, um deine Lebensvision in diesem Moment zu verwirklichen?

2. Epische Überflieger haben einen konkreten Plan, der von umsetzbaren Gewohnheiten unterstützt wird.

Jeder, der jemals ein schwieriges Hindernis überwunden oder eine große Leistung vollbracht hat, sei es in der Wirtschaft oder im Sport, hat dies mit einem konkreten Plan getan, der durch einen klaren Aktionsplan unterstützt wurde.

Du musst in deinen Handlungen und Absichten klar sein. Du kannst gute Absichten haben, aber wenn du sie nicht durchziehst, wirst du dich nur selbst besiegen und schließlich an denselben Ort zurückkehren, an dem du vorher warst: Du steckst fest.

Zu diesen Gewohnheiten kann es gehören, die richtigen Lebensmittel zu essen, um besser in

Form zu kommen. Wenn du es dir zur Gewohnheit gemacht hast, Junkfood zu essen, aber weißt, dass du das ändern musst, dann mach dir zur Gewohnheit, mehr Obst und Gemüse zu essen. Wenn du diese Gewohnheiten konsequent umsetzt, kannst du dein Ziel, Gewicht zu verlieren und einen Marathon zu laufen oder an einem Triathlon teilzunehmen, erreichen.

Beginne mit deinem Ziel und erarbeite die umsetzbaren Gewohnheiten, die du brauchst, um es zu verwirklichen. Leistungsstarke Menschen - Menschen, die ihre Arbeit erledigen - nutzen diese Strategie, um zu gewinnen. Du kannst nicht besiegt werden, wenn du ein Ziel hast, das durch gezieltes Handeln erreicht werden soll.

3. Epische Überflieger sind Menschen, die auf ihrem Weg unüberwindbare Hindernisse überwinden können.

Es wird immer etwas geben, das dich daran hindert, voranzukommen. Das sind die Hindernisse, die uns ausmachen, wer wir sind. Du wirst lernen, wozu du fähig bist, wenn du jedes Problem oder jede Herausforderung siehst und eine Lösung findest, um es zu umgehen. Bei jedem geschäftlichen oder persönlichen Ziel wirst du herausgefordert, zu beweisen, wozu du fähig bist.

Das ist nichts, wovor man Angst haben oder zögern sollte. Vielmehr solltest du die Gelegenheit ergreifen, dein Bestes zu geben und der Welt zu zeigen, dass du hier bist, um zu gewinnen. Hast du schon einmal erlebt, dass Menschen etwas aufgeben, weil es "zu schwer" ist? Alles, was im Leben von Wert ist, ist nicht leicht zu bekommen. Wenn es so wäre, würde jeder bekommen, was er will.

Nimm dir einen Moment Zeit und denke an die Hindernisse in deinem Leben. Hast du mit selbstschädigenden Verhaltensweisen, negativen Denkmustern oder Situationen zu kämpfen, die gelöst werden müssen, bevor du vorankommen kannst?

Erkenne und identifiziere, was dich zurückhalten könnte. Bestimme dann die eine Maßnahme, die du jetzt ergreifen kannst - und sei sie noch so klein - und die dich dazu bringen wird, dich diesem Hindernis zu stellen und es zu überwinden. Deine Gedanken sind der Dreh- und Angelpunkt, der alle Dinge bewegt.

4. Epische Überflieger sind positiv eingestellt und entwickeln die richtige Einstellung, um das, was sie beginnen, zu Ende zu bringen.

Engagement ist der Schlüssel zum Sieg. Schau dir jemanden an, der ein Ziel vor Augen hat und es erreicht, auch wenn es Jahre oder Jahrzehnte später ist.

Nehmen wir zum Beispiel Ben, der vor etwas mehr als 10 Jahren zusammen mit seiner Frau ein Online-Unternehmen gegründet hat. Sie wussten von Anfang an, dass sie eine bestimmte Anzahl von Stunden pro Woche aufwenden mussten, um das Unternehmen auf die Beine zu stellen.

Sie hatten die Leidenschaft, den Antrieb und den Plan, das Unternehmen innerhalb eines Jahres zu gründen. Indem sie sich zu einem wöchentlichen Aktionsplan verpflichteten, schufen sie ein System, bei dem jeder von ihnen für einen bestimmten Teil des Unternehmens verantwortlich war.

Engagement bedeutet, auch in schwierigen Zeiten an seinem Traum festzuhalten. Es kann sein, dass du eine finanzielle Krise durchmachst, dass du deinen Geschäftspartner verlierst oder dass eine persönliche Katastrophe eintritt, aber ein engagierter Geist wird alle Hindernisse überwinden und einen Weg finden, das Rennen zu beenden.

5. Epische Überflieger können das gewünschte Ergebnis visualisieren und so lange daran arbeiten, bis sie es erreichen.

Auf das Engagement für deinen Traum und eine Strategie für massives Handeln folgt eine Vision von dem, was du erreichen möchtest. Alles in deinem Leben - ob es gelingt oder scheitert - kann auf die Vision zurückgeführt werden, die du für dein Leben und das Umfeld hast, das du schaffen möchtest.

Wer keine Vision hat, hat gute Chancen, zu scheitern oder an einem Ort zu landen, an dem er nicht sein möchte, weil er dem Plan eines anderen folgt.

Du kannst mit dem Ziel vor Augen beginnen. Stell dir vor, wie dein Leben am Ende aussehen wird und wie glücklich du in deinem Leben geworden sein wirst.

Während du dir das Ergebnis deines Plans vorstellst, arbeitet dein Verstand daran, die erforderlichen Maßnahmen zu formulieren. Wenn du dir die gewünschte Vorgehensweise bewusst vor Augen führst, formuliert dein Verstand die notwendigen Schritte, die dich dorthin bringen.

Wenn du schon im Voraus weißt, was du tun musst, um dein Ziel zu erreichen, wirst du dein Handeln in Schwung bringen und deinen Enthusiasmus für das Vorankommen steigern.

"Stark anfangen ist gut. Stark abzuschließen ist episch."

- Robin Sharma

6. Epische Überflieger gehen strategisch an ihre Arbeit heran.

Zielorientierte Menschen arbeiten gewissenhaft auf ihre Träume hin und verfolgen dabei eine konkrete Absicht. Sie organisieren alle ihre Aktivitäten, Gedanken und Handlungen, um diese Einzigartigkeit des Ziels zu definieren. Sie haben einen organisierten Plan, um alles, was sie sich vorgenommen haben, zu erreichen. Der zielstrebige Mensch hat eine Liste von Aufgaben, die er entsprechend seinen Zielen erledigen muss.

Diese strategische Herangehensweise an die Arbeit ist eine entscheidende Eigenschaft, die du von nun an entwickeln solltest. Wenn du strategisch vorgehst, dich im Voraus vorbereitest und jede Minute für maximale Effizienz nutzt, kannst du weniger Zeit arbeiten, aber genauso effektiv sein.

Welche Maßnahmen könntest du jeden Tag ergreifen, die sich in einem Monat erheblich auf dein Leben auswirken würden?

Welche Maßnahmen könntest du morgen beginnen, die alles verändern würden, wenn du diesen Kurs 90 Tage lang fortsetzt? Anstatt dem Plan eines anderen für dein Leben zu folgen, welchen Plan könntest du erstellen, der mit deinen Leidenschaften und Zielen übereinstimmt?

Lass uns ein Beispiel nehmen. Wenn du ein Haus bauen und es in drei Monaten fertigstellen wolltest, wie viel Zeit müsstest du dann jeden Tag für dieses Projekt aufwenden?

Wenn du die verschiedenen Projekte in Aufgaben aufteilst und jeder Aufgabe einen geschätzten Zeitrahmen zuweist, kannst du jede Arbeit systematisch aufschlüsseln. Setze dir das Mini-Ziel, nur eine Aufgabe pro Tag zu erledigen.

7. Epische Überflieger haben realistische Erwartungen, die sich auf ein vorhersehbares Ergebnis stützen

Einer der Gründe, warum Menschen scheitern, ist, dass sie unrealistische Erwartungen an das haben, was sie erreichen können.

Bedenke, was Tony Robbins gesagt hat: "Wir überschätzen, was wir in einem Monat erreichen können, aber wir unterschätzen, was wir in einem Jahr erreichen können."

Man muss realistisch sein, was möglich ist, wenn man auf ein bestimmtes Ziel hinarbeitet. Wenn du beschließt, einen vollen Marathon zu laufen, es aber kaum bis zur 5-Kilometer-Marke schaffst, musst du mehrere Monate lang laufen und dich auf dieses Ziel vorbereiten.

Das braucht Zeit. Auch bei der Gründung eines Unternehmens gibt es viel zu lernen, und du wirst auf dem Weg dorthin Fehler machen. Das Scheitern ist Teil des Prozesses. Steh auf, wenn du niedergeschlagen wirst, und mach weiter.

Sei auf Rückschläge vorbereitet. Nicht alles wird wie geplant verlaufen. Meistens ist das nicht der Fall. Um realistische Erwartungen zu haben, musst du wissen, wozu du in der Lage bist und wie lange es dauern kann, bis du dein Ziel erreichst.

Menschen, die am Ende eine Niederlage einstecken müssen, hatten oft höhere Erwartungen als möglich war. Nachdem sie ihre Erwartungen nicht erfüllt haben, fühlen sie sich entmutigt und reden sich ein, dass sie völlig gescheitert sind. Du musst deine Erwartungen zurückschrauben und erkennen, dass eine realistische Einschätzung dessen, was im Moment möglich ist, Teil der Formel ist.

8. Epische Überflieger halten auch im Angesicht von Niederlagen durch.

Menschen, die sich dem Undefeated Lifestyle verschrieben haben, geben nicht auf, kapitulieren nicht und geben sich nicht mit Misserfolgen ab. Sie sehen Scheitern als einen notwendigen Weg zum Erfolg. Scheitern ist der Weg zum Erfolg. Beharrlichkeit spielt eine entscheidende Rolle für den Erfolg bei allem, was du erreichen willst.

Für erfolgreiche Menschen ist es der einzige Weg zum Erfolg, sich dem Scheitern zu stellen und ihre Ängste zu überwinden, um Hindernisse zu überwinden.

Auf welche Hindernisse stößt du im Moment? Halten diese Hindernisse dich davon ab, dein Leben so zu leben, wie es gelebt werden könnte?

Schau dir ein Hindernis in deinem Leben an, das deinen Fortschritt bremst, und mach eine Liste von Lösungen, die du heute anwenden kannst, um das Problem zu lösen.

Nimm die beste Lösung und setze sie in die Tat um. Wenn es nicht klappt, versuche eine andere Lösung. Arbeite weiter daran, bis du das unüberwindbare Hindernis überwunden hast. Oft sind die meisten Hindernisse, die du besiegen musst, in deiner Vorstellung größer als sie tatsächlich sind.

9. Epische Überflieger haben ein überlegenes Glaubenssystem.

Erfolgreiche Menschen haben einen unerschütterlichen Glauben an das, was sie erreichen können; sie glauben an ihre Mission, ihre Ideen und die Bedeutung ihrer Ziele. Ungeachtet von Hindernissen oder Herausforderungen sind sie zuversichtlich, dass alles überwunden werden kann, wenn sie daran glauben. Sie glauben fest daran, dass sie erfolgreich sein werden, jedes

Hindernis überwinden und alles tun werden, um ihr Ziel zu erreichen.

Die meisten Menschen setzen sich selbst Grenzen, weil sie einschränkende Überzeugungen haben. Sie schaffen sich ein begrenztes Einkommen, beschließen, dass sie begrenzte Fähigkeiten haben, und schaffen sich begrenzte Lernfähigkeiten.

Erfolgreiche Menschen sind jedoch in ihren Bestrebungen grenzenlos. Sie wachsen, expandieren, entwickeln sich weiter und streben nach Horizonten, die von der Masse unberührt bleiben.

Woran glaubst du? Glaubst du, dass Erfolg eine Frage von Glück oder Zufall ist? Oder glaubst du, dass alles möglich ist, wenn du an die Möglichkeiten glaubst? Deine Überzeugungen - wie auch deine Gewohnheiten - bilden eine starke Allianz mit dem Schicksal.

10. Epische Überflieger tun Dinge, die die meisten Menschen vermeiden.

Albert E.N. Gray, Autor von Der neue gemeinsame Nenner des Erfolgs, sagte:

"Erfolgreiche Menschen sind erfolgreich, weil sie sich angewöhnen, Dinge zu tun, die erfolglose Menschen nicht gerne tun."

Dies ist das entscheidende Merkmal, das die Menschen, die das tun, was sie gerne tun, von denen unterscheidet, die das tun, was andere ihnen vorschreiben.

Menschen, die Dinge tun, vor denen die meisten Menschen Angst haben, leben ihr Leben als Ausdruck der Entscheidungen, die sie getroffen haben. Dein Handeln definiert dich. Tu, was getan werden muss, so lange es nötig ist, und du wirst kaum Konkurrenz haben.

Gibt es eine Handlung, die du vermeidest, weil du Angst hast, zu versagen, oder weil dir der Weg zu schwierig erscheint, sodass du ihn aufschiebst? Denk daran: Was auch immer dein Ziel in diesem Leben ist, du hast eine viel bessere Chance, dein Leben so zu leben, wie du es willst, wenn du Dinge tust, vor denen die meisten Menschen zurückschrecken würden.

Mach jetzt eine kurze Liste mit drei Maßnahmen, die du diese Woche ergreifen kannst und die einen großen Einfluss auf deine Leistung haben werden. Wähle dann aus dieser Liste von fünf Maßnahmen nur eine aus und konzentriere dich 30 Tage lang auf diese. Mach diese Aktion zum Schlüssel, um deinen Schwung auf den Höhepunkt zu bringen.

Die 8-Schritte-Formel für das Brechen schlechter Gewohnheiten

Deine Gewohnheiten spielen eine wichtige Rolle für deinen Erfolg. Das wissen wir bereits, aber die Herausforderung besteht darin, zu wissen, welche Gewohnheiten gut und welche schädlich für deinen Lebensstil sind.

Gewohnheiten sind weder gut noch schlecht, es sei denn, sie hindern dich daran, das zu erreichen, was du in deinem Leben wirklich willst.

Ein System negativer Gewohnheiten kann dich in vielerlei Hinsicht besiegen, und sie sind nicht immer so offensichtlich. Wenn es sich um etwas handelt, das du schon seit langem tust, gibt es keinen Zweifel, dass du eine gewisse Belohnung oder Freude an deinen Gewohnheiten hast.

Einige dieser Gewohnheiten könnten sein:

- Fernsehen, nur um sich zu betäuben und zu entkommen

- Textnachrichten an Leute, die man nicht kennt, nur um der Einsamkeit zu entgehen

- Essen von Junkfood

- Sich über Dinge sorgen, die vielleicht nie passieren

- Zu lange aufbleiben

- Aufschieben (von irgendetwas)

Wenn du eine bessere Gesundheit anstrebst, sind übermäßiger Verzehr von Junkfood oder Rauchen natürlich schlechte Gewohnheiten. Charles Duhigg, Bestsellerautor von "Die Macht der Gewohnheit", sagte: Die goldene Regel der Gewohnheitsänderung: Man kann eine schlechte Gewohnheit nicht abschaffen, man kann sie nur ändern.

Wenn wir das Gute nicht von dem Schlechten unterscheiden können, handeln wir, ohne darüber nachzudenken, wofür wir arbeiten. Wenn man die falsche Leiter hochklettert, spielt es keine Rolle, ob man die Spitze erreicht oder nicht. Das gleiche Prinzip gilt für den Aufbau besserer Gewohnheiten, die uns auf einen zielgerichteteren Weg bringen.

In meiner langjährigen Erfahrung habe ich erlebt, dass Menschen weiterhin schlechte Leistungen erbringen, nicht weil es ihnen an Fähigkeiten oder Wissen mangelt, sondern weil sie schlechte Gewohnheiten haben, die sie zum Scheitern verurteilen.

Das Problem ist, dass wir nicht wissen, was wir nicht wissen, und wenn es um Gewohnheiten geht, wissen wir nicht, welche uns helfen und welche uns schaden. Selbst wenn es sich so anfühlt, als würden wir das Richtige tun, kann diese Gewohnheit unsere Chancen auf ein Weiterkommen beeinträchtigen.

Unsere passiven Gewohnheiten machen uns Angst, aktiv zu werden. Diese Gewohnheiten sind automatisch, und wir füttern sie den ganzen Tag über immer wieder, ohne uns bewusst darum zu bemühen.

Passive Gewohnheiten können sein:

- Ausschlafen, weil man das schon immer getan hat.

- Geld ausgeben, das man nicht hat, wenn man sich langweilt.

- Stundenlanges Fernsehen, um nicht arbeiten zu müssen.

- Durch die sozialen Medien scrollen und nach etwas Interessantem suchen, was einen unterhält.

- Junkfood essen, ohne darüber nachzudenken, wie wir uns am nächsten Tag fühlen werden.

Welche schlechten Gewohnheiten kannst du durch gute Gewohnheiten ersetzen? Was erhoffst du dir, mit dieser neuen Regelung zu erreichen?

Die Gewohnheiten, die dich ängstlich machen

Jahrelang hatte ich mehrere Gewohnheiten, die mich ängstlich und gefangen hielten. Aufschieberitis stand ganz oben auf der Liste. Ich hatte die Angewohnheit, Dinge, die erledigt werden mussten, aufzuschieben. So wollte ich zum Beispiel einen Lebensplan, einen Finanzplan oder einen Plan für meine Ziele erstellen, aber immer, wenn ich daran dachte, gab es etwas Wichtigeres zu tun.

Das Aufschieben, das sich anfühlte, als hätte ich die Kontrolle, weil ich die Entscheidung treffen konnte, etwas zu tun oder nicht zu tun, hat mich um das Leben gebracht, das ich hätte haben können. Die Gewohnheit des Aufschiebens wurde später zerstörerisch. Und weil ich die Dinge nicht tat, die ich hätte tun sollen, hatte ich immer Angst vor der Zukunft. Werde ich zurechtkommen? Was ist, wenn ich kein Geld mehr habe? Was wird mit meinem Leben geschehen?

Wenn du die richtigen Gewohnheiten entwickelst, hat die Angst keinen Platz in deinem Leben. Um positiv und enthusiastisch in die Zukunft blicken zu können, brauchen wir eine Struktur und einen organisierten Plan, auch wenn es nur ein vorläufiger ist.

Jedes Mal, wenn ich versuchte, meine schlechten Angewohnheiten in die Tat umzusetzen, führte das zu noch mehr Zaudern. Dann verspürte ich ein tiefes Gefühl der Angst, das zurückgekehrt war. Schlechte Gewohnheiten sind diejenigen, die einen davon abhalten, das Unmögliche zu erreichen. Mit mittelmäßigen Gewohnheiten wird man nie großartig sein.

Nenne jetzt drei schlechte Angewohnheiten, die du gerne ablegen würdest. Wenn du sie identifiziert hast, frage dich selbst: Warum ist es für mich wichtig, diese Gewohnheiten durch etwas anderes zu ersetzen?

Wenn die Antwort nicht überzeugend genug ist, wirst du wahrscheinlich Schwierigkeiten haben, sie zu ersetzen, und schließlich in alte Routinen zurückfallen und tun, was du immer getan hast, und bekommen, was du immer bekommen hast.

Acht Schritte zum Brechen schlechter Gewohnheiten

Schritt 1: Erkenne die Routine

Jede Gewohnheit hat einen Ursprungsort. Sie gedeiht in einer bestimmten Umgebung, ausgelöst durch einen Reiz. Die Routine ist deine Art, die Gewohnheit zu nähren. Wir geben ihr, was sie am meisten will: eine Belohnung. Indem wir schlechte Gewohnheiten füttern, können sie stark bleiben und uns kontrollieren.

Eine Routine ist eine Reihe von Handlungen, die ständig wiederholt werden, oft unbewusst. Sie wird durch einen äußeren oder inneren Reiz ausgelöst, bei dem wir das Bedürfnis verspüren, diese Gewohnheit zu fördern, indem wir dem Impuls nachgeben.

Bei den meisten Menschen handelt es sich um eine Art von Sucht, wie zum Beispiel Rauchen, häufiges Abrufen von E-Mails oder zwanghaftes Einkaufen. Sobald man sich zu einer Handlung entschlossen hat, folgt sie einem festen Muster, und wenn es eine emotionale Belohnung gibt, wird man das Verhalten weiterhin wiederholen.

Sobald du die Routine deiner Gewohnheit erkannt hast, kannst du eine Reihe neuer Maßnahmen ergreifen, um sie zu ändern.

Schritt 2: Identifiziere den Auslöser

Dies ist der Punkt, an dem wir unsere schlechte Angewohnheit ergreifen können, wenn sie durch einen Auslöser stimuliert wird. Das kann alles sein: ein Auslöser aus der Umwelt, etwas, das wir im Fernsehen sehen, ein Gefühl, das wir plötzlich haben, oder eine bestimmte Person, die wir treffen.

Der Auslöser ist in diesem Fall der Schlüssel. Sobald du herausgefunden hast, was dich zum Handeln veranlasst, ist das der Punkt, an dem du die Entscheidung triffst, entweder zu handeln ... oder nicht.

Dein Auslöser ist oft eine impulsive Handlung. Wir denken nicht nach, wir reagieren, wenn er eingeschaltet ist. Es ist eine reine Zwangshandlung. Süchte werden durch Auslöser erzeugt. Wenn wir den sich nähernden Auslöser erkennen können, z. B. das Verlangen, etwas zu tun, wird es leichter, ihn umzukehren.

Schritt 3: Ersetze die Aktion und erstelle ein neues Verhalten

Wenn du die bewusste Entscheidung triffst, nicht zu handeln, wenn der Auslöser aktiviert ist, musst du die beabsichtigte Handlung [wie du normalerweise reagieren würdest] durch eine neue Handlung ersetzen. Dieses neue Muster wird, wenn es wiederholt und die Ersatzhandlung ausgeführt wird, über einen Zeitraum von Wochen oder Monaten zur neuen Gewohnheit.

Es reicht nicht aus, mit Willenskraft zu versuchen, nicht zu handeln. Wenn du es mit bloßen Händen tust, wirst du nie wieder gesund. Das ist wie bei einem Süchtigen, der versucht, von der Sucht loszukommen, ohne zu versuchen, die

Sucht zu ersetzen. Wir müssen wissen, was die Routine ist, und dann, wenn wir ausgelöst werden, bereit sein, anders zu handeln, um die Gewohnheit zu durchbrechen.

Zum Beispiel: Du wirst vielleicht dazu veranlasst, etwas online zu kaufen, weil dir langweilig ist. Wie kannst du das ersetzen? Gehe vom Computer weg, sobald der Auslöser auftritt. Beschäftige dich mit einer anderen Tätigkeit. Du könntest sogar deinen Computer für die Nacht ausschalten und etwas anderes tun, das den Impuls unterbricht.

Schritt 4: Streiche die eine Tätigkeit, die dich deiner größten Ressource beraubt: ZEIT. Schaust du zu viel fern? Vergeudest du Zeit mit Jammern? Kaufst du zwanghaft ein, obwohl du gar nichts brauchst?

Schritt 5: Konzentriere dich auf kleine, schrittweise Veränderungen

Das Umgestalten einer Gewohnheit braucht Zeit. Du wirst nicht sofort alle deine Gewohnheiten neu erfinden, aber du wirst es, wenn du deine Auslöser immer wieder änderst und dir der Bereiche bewusst wirst, in denen du schwach bist.

Wenn deine Gewohnheit darin besteht, Zeit mit sozialen Medien zu verschwenden, während du konstruktivere Dinge tun könntest, erstelle einen Plan und ein System, um von dieser Gewohnheit wegzukommen. Bei so vielen Ablenkungen ist es leicht, Zeit mit wertlosen Aktivitäten zu verschwenden.

Die Veränderungen mögen klein sein, aber jede Veränderung in deiner Einstellung, deinen Gefühlen oder deinem Handeln wird sich langfristig auswirken, wenn du sie konsequent durchführst. Auf diese Weise entstehen Gewohnheiten, und auf diese Weise können sie neu erfunden werden.

Schritt 6: Erstelle einen Aktionsplan für die nächsten 30 Tage.

Ziel ist es, sich für jeden Tag einen bestimmten Aktionsplan vorzunehmen. Das kann so einfach sein wie die Verpflichtung, fünf Minuten pro Tag für eine einzige Maßnahme aufzuwenden.

Wenn du dir zum Beispiel angewöhnen willst, Sport zu treiben, kannst du am ersten Tag nur fünf Wiederholungen machen. Wenn du ein Buch schreiben möchtest, nimm dir vor, in den nächsten 30 Tagen jeden Tag 10 Minuten zu schreiben.

Es geht nicht darum, wie viel wir schaffen. Die Idee ist, bei der Aktion zu bleiben und sie zu einem beständigen Muster zu machen, das du jeden Tag ausführst, ob es nun 10 oder 50 Wiederholungen sind. Später, wenn du daran gewöhnt bist, die Handlung auszuführen, ohne darüber nachzudenken, kannst du die Anzahl erhöhen.

Schritt 7: Bewerte deine Fortschritte nach 30 Tagen.

Wie konsequent hast du die Maßnahme durchgeführt? Hast du einige Tage ausgelassen?

Wie würdest du deinen Erfolg im Vergleich zu vor 30 Tagen messen? Du kannst deine Fortschritte überprüfen, indem du dir die Frage stellst: "Wie fühle ich mich jetzt im Vergleich zu vor 30 Tagen?" Das ist leicht zu machen. Wenn du 30 Tage lang auf Kurs geblieben bist, sind deine Fortschritte offensichtlich.

Schritt 8: Konzentriere dich auf deine neue Belohnung

Es muss eine treibende Kraft hinter der Veränderung stehen. Was ist sonst der Sinn? Vorhin haben wir über die Vogel-Strauß-Politik gesprochen und darüber, wie wir den Kopf in den Sand stecken, um der Realität zu entkommen. Diese Fluchttaktik ist in vielerlei Hinsicht eine Belohnung für den Menschen.

Wir können der aktuellen Realität ausweichen, die beängstigend ist, und so leben, als ob alles in Ordnung wäre. Aber wenn wir uns dem stellen, was wirklich in unserem Leben passiert, und etwas ändern, werden wir viel später dafür belohnt.

Bei der Methode der unmittelbaren Befriedigung fühlst du dich jetzt vielleicht gut, weil du scheinbar damit durchkommst: deine Rechnungen bezahlen, einen Streit führen oder eine Krankheit akzeptieren. Aber der Ansatz der sofortigen Befriedigung hat langfristig gesehen wenig Vorteile. Am Ende verlierst du mehr, als wenn du von vornherein etwas unternommen hättest.

Um eine Gewohnheit zu ändern, musst du die Belohnung sehen, aber es kann Monate oder Jahre dauern, bis du Ergebnisse siehst. Das ist in Ordnung. Wenn es einfach wäre, würde es jeder tun.

Sieh es so: Auch wenn du dich vielleicht scheust, einen Finanzplan für dich selbst aufzustellen, wird es deiner Familie in zehn Jahren viel besser gehen, wenn du heute damit anfängst. Lass die Belohnung immer als Erinnerung an das, was kommen wird, dienen. Lass sie nicht aus den Augen. Behalte sie stets im Hinterkopf.

Du kannst die Fortschritte bei der Änderung deiner Gewohnheiten überwachen. Tu dies immer dann, wenn ein auslösender Moment auftritt - wenn du dich langweilst oder jemandem begegnest, der dich dazu bringt, auf eine bestimmte Weise zu reagieren.

Wenn du diesem Gefühl nicht nachgibst, hast du gerade Punkte gewonnen. Jedes Mal, wenn du NEIN sagst, ebnet das den Weg für ein größeres JA.

Wenn du ein Tagebuch führst, widme einen Abschnitt oder eine Seite einer Gewohnheit, die du neu erfinden möchtest. Halte deine Fortschritte fest, die Änderungen, die du vorgenommen hast, und vor allem, wie du dich wirklich fühlst, wenn du dich dieser Herausforderung der Gewohnheitsänderung stellst.

Aktion Aufgabe:

Bestimme eine schlechte Angewohnheit, die du abschaffen möchtest, und führe die gute Angewohnheit ein, die an ihre Stelle treten wird. Beispiel: Ich werde aufhören, vor dem Schlafengehen Kartoffelchips zu essen und sie durch einen Salat ersetzen.

Mache eine Liste mit den Gewohnheiten, die deinen Lebenszyklus zerstören. Das sind die kleinen Gewohnheiten, die wir vermissen, die uns aber eigentlich in der Vergangenheit festhalten, weil sie so vertraut sind.

7 Wege zur Bewältigung von Misserfolgen

Die psychologischen Auswirkungen des Scheiterns haben einen starken Einfluss auf die Art und Weise, wie du dein Leben lebst. Sie wirken sich auf die Arbeit aus, die du tust, auf die Menschen, mit denen du zusammen bist, auf die Entscheidungen, die du triffst (oder nicht triffst), auf die Chancen, die sich dir bieten (oder nicht bieten), und auf die Qualität der Lebenserfahrungen, die du machst.

Das Scheitern wirkt sich auf zweierlei Weise auf uns aus:

1. Scheitern ist eine großartige Lernerfahrung. Es ist eine lehrreiche Erfahrung, und du kannst deine Misserfolge nutzen, um es beim nächsten Mal besser zu machen. So wie der Verkäufer auch nach Hunderten von Ablehnungen weiter versucht, den Verkauf abzuschließen, mach dir das Scheitern zum Verbündeten, finde einen alternativen Ansatz und verfolge unerbittlich deine Ziele.

2. Scheitern macht dir Angst. Zumindest schüchtert dich der Gedanke an ein Scheitern ein. Du gehst auf Nummer sicher und gehst kleine Risiken ein, die zu klein sind, um eine große Wirkung zu haben.

Misserfolg lässt dich an deinem Selbstwertgefühl und deinen Fähigkeiten zweifeln und erschüttert dein Selbstvertrauen so sehr, dass es Monate dauern kann, bis du dich von einem Vorfall erholt hast. Misserfolg erzeugt Stress und nutzt die Angst in einem solchen Ausmaß, dass man depressiv wird und sich völlig wertlos, hilflos und beschämt fühlt.

Die Überzeugungskraft des Scheiterns

Scheitern ist sehr überzeugend. Es beeinträchtigt dein Glück, dein Selbstwertgefühl und dein Selbstvertrauen. Ein großer Verlust kann dich Monate, Jahre oder Jahrzehnte zurückwerfen. Du könntest sagen: "Ich möchte mich dieser Prüfung lieber nie wieder stellen, also gehe ich von jetzt an auf Nummer sicher." Die psychologischen Auswirkungen eines Misserfolgs veranlassen uns, uns auf sicheres Terrain zurückzuziehen.

Sicherheit ist eine Komfortzone, die ihre eigenen Gefahren birgt. Man wird schwach, wenn man sich zukünftigen Möglichkeiten verschließt und sich auf die Stabilität der Routine verlässt.

Die psychologischen Auswirkungen des Scheiterns

Scheitern wirkt sich in vielerlei Hinsicht auf dein Leben aus. Je nach der Kultur und dem Umfeld, in dem du aufgewachsen bist, können die Folgen verheerend sein. Vielleicht versuchst du, deinen Eltern, deinen Lehrern, deinen Kollegen, deinem Vorgesetzten oder einer Institution, die über deine Einstellung entscheidet, zu gefallen. Dein Leben könnte in der Schwebe hängen, während die Person am anderen Ende des Tisches eine Entscheidung trifft, die deine Zukunft beeinflussen könnte.

Angst ist real, und Versagen ist real. Aber was zählt, ist der Mut, den man beweist, wenn man zum Spiel antritt. Viele Jahre lang bin ich vor dem Scheitern weggelaufen. Und wenn ich nicht davor weggelaufen bin, habe ich versucht, ein Chaos zu schaffen, das mein Leben absichtlich zum Scheitern bringen sollte. Das passiert, wenn dein Selbstvertrauen, dein Selbstwertgefühl und deine Ziele nicht im Einklang sind. Du fühlst dich so schlecht, dass deine Einstellung lautet: "Was auch immer passiert, passiert. Bringen wir es einfach hinter uns."

Diese Form der Negativität beeinflusst die Umstände so, dass sie gegen dich arbeiten. Sie führt zu mehr Misserfolg und hält die Angst real.

Wir alle betrachten das Scheitern entweder aus einer negativen oder einer positiven Perspektive. Wenn ich bei etwas versage, sollte es nicht sein. Wenn ich Erfolg habe, habe ich etwas richtig gemacht. Aber ob ich gewinne oder verliere, spielt keine Rolle. Wenn man zum Schläger greift, weil man weiß, dass der Pitcher einer der besten der Welt ist und die Wahrscheinlichkeit, dass man einen Strike Out hat, bei 9/10 liegt, ist man unabhängig vom Ergebnis zum Spiel angetreten.

Scheitern ist nicht das negative Ereignis, zu dem wir es gemacht haben. Es ist genau das Gegenteil. Scheitern ist dein bester Freund, und die positive Kraft, die es hat, ist wirklich erstaunlich. Das Scheitern wird dich niemals belügen oder betrügen. Es betrügt dich nur, wenn du versuchst, so zu tun, als würde es nicht existieren.

Scheitern ist der sicherste Weg, um im Leben zu gewinnen. Der harte Weg ist der einzige Weg für Hochleistungschampions.

Scheitern ist dein optimales Wachstumsinstrument. Es ist deine Waffe im großen Spiel. Es ist nicht nur der Weg zum Erfolg, sondern auch der Weg, den du bereit sein musst zu gehen, denn die meisten Menschen weigern sich, dies zu tun.

7 Wege zur Verringerung deiner Misserfolgsquote

(1) Verbringe viel Zeit mit erfolgreichen Mentoren

Du bist der Durchschnitt der Menschen, mit denen du die meiste Zeit verbringst. Deshalb ist es wichtig, viel Zeit mit den Menschen zu verbringen, die dich unterstützen und sich gegenseitig helfen. Das kann dein Team bei der Arbeit, deine Familie zu Hause oder dein enger Freundeskreis sein. Die Menschen, mit denen du viel Zeit verbringst, geben dir die Kraft zum Erfolg.

Dein Unterstützungsteam sind die Menschen, die für dich da sind, wenn du sie brauchst, und sie dich brauchen. Sie lassen nicht zu, dass du aufgibst oder dich entschuldigst, wenn du etwas nicht schaffst. Sie sind für dich da, wenn dir das Leben in die Quere kommt und du einen zusätzlichen Anstoß, ein vertrauliches Gespräch und die Gewissheit brauchst, dass sie für dich da sind, wenn es darauf ankommt.

Achte auf die Menschen, die versuchen, dich zurückzuhalten. Sie fragen dich vielleicht: "Warum tust du das?" oder "Was ist in dich gefahren?" Wir müssen erkennen, dass die Menschen immer noch mit ihren eigenen Dämonen und persönlichen Problemen zu kämpfen haben.

Die Menschen, mit denen du Zeit verbringst, sind eine Investition - in dein Leben und in das der anderen. Schau dir die fünf Personen an, mit denen du die meiste Zeit verbringst. Kannst du ihnen vertrauen? Kannst du offen und ehrlich zu diesen Menschen sein? Sind sie bereit, in schwierigen Zeiten mit dir den Weg zu gehen?

Wir alle wünschen uns ein "Dreamteam" von Menschen, die uns unterstützen. Such dir einen Mentor oder einen Partner, der dir zur Seite steht. Ein Mentor kann dich durch schwierige Zeiten begleiten, wenn du Probleme hast. Engagiere einen Life-Coach und nehme wöchentliche

Sitzungen in Anspruch, damit du deine Ziele nicht aus den Augen verlierst.

(2). Identifiziere deine Achillesferse

In der griechischen Mythologie war Achilles ein griechischer Held des Trojanischen Krieges. Der Legende nach starb Achilles, der ein mächtiger Krieger war und als unbesiegbar galt, nachdem er von einem Pfeil in die Ferse getroffen worden war. Nicht einmal Achilles konnte vorhersehen, dass er auf diese Weise sterben würde. Hätte Achilles gewusst, dass dies seine einzige verwundbare Stelle war, hätte er vorausplanen können, um sich während des Trojanischen Krieges zu schützen. Er wurde von einem Pfeil in die Ferse getroffen und starb.

Es gibt Bereiche in unserem Leben, in denen wir nicht stark sind, und auch wenn uns das nicht umbringt - so wie es Achilles erging - könnten wir uns selbst zum Scheitern verurteilen, wenn wir nicht erkennen, was es ist.

In vielen Situationen, in denen eine Niederlage droht, ist es unsere Unfähigkeit zu erkennen, was auf uns zukommt, was uns besiegt. Es ist diese Schwäche, die uns aus dem Gleichgewicht bringt. Wenn wir uns nicht auf den Erfolg einstellen, bevor unsere größte Herausforderung bevorsteht, kann das dazu führen, dass wir die Schlacht verlieren, bevor sie beginnt.

Du hast eine Schwäche, die dich zum Scheitern verurteilt. Du weißt noch nicht, was es ist, aber es ist da. Sie bereitet dich auf den Sturz vor und trifft dich, wenn du es am wenigsten erwartest. Es könnte ein Mangel an Bewusstheit sein, eine schlechte Angewohnheit, eine ungelöste Sucht oder eine alte, selbstzerstörerische Überzeugung.

Hier sind die 9 größten Achillesfersen, mit denen Menschen zu kämpfen haben. Sieh nach, ob deine auf der Liste steht:

1. Selbstüberschätzung

2. Mangel an Wissen

3. Prokrastination

4. Schlechte Gesundheit

5. Den Gegner unterschätzen

6. Verstreuter Fokus

7. Mangelnde Aufmerksamkeit

8. Negative Denkweise

9. Begrenzte Denkmuster

Du wirst eine Niederlage nicht immer kommen sehen, aber du kannst sie so gut wie möglich verhindern, indem du die folgenden Schritte unternimmst, um die Wahrscheinlichkeit eines Scheiterns zu verringern:

Schlage deine Achillesferse

1. Blicke zurück und schreibe die letzten drei Rückschläge auf, die du hattest. Gibt es Gemeinsamkeiten zwischen ihnen?

2. In welchem Bereich deines Lebens versagst du ständig? Ist es deine Gesundheit? Sind es deine Beziehungen? Der Bereich in deinem Leben, der dir am meisten Kummer bereitet, sagt dir, dass es ein Problem gibt.

3. Erstelle eine Liste der Lösungen, mit denen du beginnen könntest. Im Falle deiner Prokrastinationsgewohnheit habe ich eine Liste von Aufgaben erstellt, die ich aufgeschoben hatte. Ich hatte Dinge auf meiner Liste, die Jahre zurücklagen. Dafür habe ich mit Schuldgefühlen bezahlt. Was kannst du jetzt tun? Was ist die

eine kleine Maßnahme, die du heute ergreifen kannst?

4. Mache diese tägliche Handlung zur Gewohnheit. Lege einen Auslöser fest, damit du weißt, wann er auftaucht.

5. Achte darauf, dass du die positiven Veränderungen in deinem Leben anerkennst, indem du Maßnahmen ergreifst. Wie fühlst du dich gefühlsmäßig? Bist du zuversichtlicher, ruhiger oder gelassener als vorher?

6. Konzentriere dich weiterhin auf die Entwicklung eines Systems der kontinuierlichen Selbstverbesserung. Lass nicht zu, dass du scheiterst.

Lass dich nicht überraschen. Sei bereit für den Tag, an dem du weißt, dass das Leben das Beste aus dir herausholen wird. Kämpfe zurück und stehe auf, wenn du niedergeschlagen wirst.

Du wirst immer eine Schwachstelle in deiner Routine, deinen Gewohnheiten oder deiner Denkweise haben. Mache eine Liste Schwachstellen und arbeite daran, sie zu beseitigen.

(4). Plane für die Zukunft ... heute

Wenn man in der Gegenwart nicht plant, plant man, in der Zukunft zu scheitern. Ich gebe zwar zu, dass sich die meisten meiner Gedanken auf den gegenwärtigen Moment konzentrieren, aber ich muss für die Zukunft planen, indem ich mich um die Angelegenheiten im Jetzt kümmere.

Zum Beispiel ist es jetzt an der Zeit, sich gesund zu ernähren, nicht erst in zwanzig Jahren, wenn bei dir eine Krankheit diagnostiziert wird. Jetzt ist es an der Zeit, zu trainieren und Sport zu treiben, nicht erst später, wenn man fünfzig Pfund Übergewicht hat.

Jetzt ist es an der Zeit, deine finanzielle Zukunft zu planen, nicht erst fünf Jahre vor deiner Pensionierung. Jetzt ist es an der Zeit, Beziehungen zu deinen Kindern aufzubauen, nicht erst in zehn Jahren, wenn sie keine Zeit mehr mit dir verbringen wollen.

Nehme dir eine Stunde pro Woche Zeit, um deine Ziele für das nächste Jahr, den nächsten Monat, die nächste Woche und den nächsten Tag zu überprüfen. Nimm dir jeden Sonntagnachmittag oder -abend eine Stunde Zeit, um deine Pläne zu überprüfen.

Sind deine Projekte aktuell? Hast du den ausge-füllten Papierkram abgegeben? Ist in dieser Woche etwas aufgetaucht, das du in deinen Planungstrichter aufnehmen musst?

Diese Stunde könnte die wichtigste Stunde in deiner Woche sein. Wenn du es richtig machen willst, empfehle ich dir, dieses System in deine Routine einzubauen. Mache es zu einer festen Gewohnheit. Kaufe einen Jahresplaner und ei-nen Wandkalender. Mache die Planung deiner Woche zu einer festen Verpflichtung, damit du dich auf die wichtigen Aufgaben konzentrieren kannst, die dich deinen Zielen näherbringen.

Frage dich selbst:

- Mit wem wirst du diese Woche Zeit verbrin-gen?

- Was sind deine 3 wichtigsten Ziele für die Wo-che/den Monat?

- Wie viel Schlaf möchtest du pro Nacht be-kommen?

- Welche Übungen wirst du machen, wann und wie lange wird jede Sitzung dauern?

- Was willst du heute lernen, um dein Unternehmen im nächsten Jahr um 10-20 % zu vergrößern?

(5). Um Hilfe bitten

Eines der schwierigsten Dinge ist es, um Hilfe zu bitten. Wir haben Angst, zurückgewiesen zu werden. Wer nicht bittet, bekommt keine Hilfe. Und wir brauchen die Hilfe anderer, um dahin zu kommen, wo wir hinwollen.

Denke an all die Dinge, um die du in deinem Leben nicht bittest. Du könntest wahrscheinlich eine ganze Seite füllen. Nimm jetzt ein Blatt Papier und mache eine Liste mit all den Dingen, um die du bitten möchtest, dich aber immer gescheut hast.

Hier sind einige Anregungen für den Anfang:

"Wovor habe ich Angst, meinen Ehepartner zu fragen?"

"Wovor habe ich Angst, meinen besten Freund zu fragen?"

"Wovor habe ich Angst, einen völlig Fremden zu fragen?

"Wovor habe ich Angst, meinen Mentor zu fragen?

"Wovor habe ich Angst, meinen Manager zu fragen?

"Was habe ich Angst, von mir selbst zu verlangen?"

Jeder hat etwas, wovor er Angst hat, darum zu bitten. Sobald du klar erkannt hast, wovor du Angst hast, darum zu bitten, kannst du zur nächsten Phase übergehen:

"Warum?"

Schreibe neben die Liste der Dinge, vor denen du Angst hast zu fragen, den Grund, warum du Angst hast zu fragen. Das ist der Treibstoff, der dich dazu bringen wird, etwas zu tun. Zu wissen, wovor du Angst hast, darum zu bitten, ist der erste Schritt. Es bringt Klarheit darüber, wovor du dich versteckst. Aber das Warum sollte dir zeigen, wie albern die Angst ist, und dich dazu bringen, sie zu überwinden.

Hier ist mein einfaches **6-Schritte-Verfahren**, um nach dem zu fragen, was du willst:

1. Schreibe in einem Notizbuch oder mit der Evernote-App auf, was du wirklich willst.

2. Mache eine kurze Liste mit drei Personen, die es dir geben könnten.

3. Schreibe auf, welchen Vorteil es hat, wenn du sie um das bittest, was du willst.

4. Frage selbstbewusst, als ob du es bereits hättest.

5. Respektiere ihre Entscheidung, wenn sie nicht so ausfällt, wie du es dir vorgestellt hast.

6. Schließlich solltest du deine Erwartungen loslassen.

Du kannst einen großen Unterschied in deinem Leben machen, wenn du die richtigen Leute zur richtigen Zeit um die richtigen Dinge bittest. Nimm dir vor, jeden Tag um mindestens eine Sache zu bitten, die du dir wünschst. Das kann etwas sein, das du dir selbst wünschst, oder noch besser, jemandem zu helfen, etwas zu bekommen, das er sich wünscht.

Stell dir vor, dass die eine Sache, um die du gebeten hast, dir gegeben wird. Den Job, den du dir wünschst, den Kredit, ein Versprechen oder einen dreiwöchigen Urlaub. Ja, alles gehört dir in dem Moment, in dem du den Mut hast, es zu erbitten. Wenn du abgelehnt wirst? Das ist gut so. Du entwickelst eine härtere Schale, um erneut zu bitten.

(6) Kontinuierliche Verbesserung um 1 %.

Wo würdest du in einem Jahr stehen, wenn du dich darauf konzentrierst, deine Gewohnheiten, Gedanken, Systeme oder Verhaltensweisen um nur 1 % zu verändern? Glaubst du, dass dieser Prozentsatz zu niedrig angesetzt ist? Warum bist du nicht ehrgeiziger und strebst 20 % an?

Hier ist eine Strategie, die du anwenden kannst und die kontinuierlich zu deinem Wachstum beiträgt, ohne ein Hindernis oder ein Gefühl der Überforderung zu schaffen. Wenn du schon einmal für eine Prüfung gepaukt und versucht hast, am Vorabend alles zu lernen, weißt du, wie das ist.

Wenn du zum ersten Mal einen Marathon laufen würdest, würdest du dann ein paar Tage vor dem Ereignis mit dem Training beginnen? Das wäre nicht genug Zeit. Wenn du aber 4-6 Monate im Voraus mit dem Training beginnst und täglich 1 km läufst, bist du innerhalb von zwei Monaten für die Strecke konditioniert.

Die meisten Ziele lassen sich mit der 1%-Regel erreichen. Ich höre oft Leute Dinge sagen wie:

"Ich habe keine Zeit zum Lesen."

"Wenn ich nur eine Stunde mehr Zeit hätte."

Du brauchst nur zehn Minuten pro Nacht zu lesen. Lies 3 Seiten, wenn du kannst. Wenn du keine 30-60 Minuten Zeit hast, investiere die Zeit, die du hast, wenn du kannst.

"Ich kann nicht jeden Abend ins Fitnessstudio gehen. Es ist also schwer, überhaupt zu trainieren."

Du brauchst kein Fitnessstudio. Du kannst auch zu Hause trainieren. In zwanzig Minuten kannst du Liegestütze, Klimmzüge oder Dehnübungen machen. Wenn du ins Fitnessstudio gehen musst, dann geh, wenn du kannst, aber wenn du nicht kannst, dann mach es zu Hause.

Indem du das Minimum tust, arbeitest du immer noch an der Gewohnheit, aufzutauchen und nicht in deine Ausreden zu verfallen: "Ich kann nicht, weil ..."

Du kannst es immer tun, auch wenn es nur 1 % ist.

(7) Immer bereit sein

Ich glaube, der Hauptgrund für das Scheitern von Unternehmen ist mangelnde Planung. Das Scheitern folgt immer der Person, die am wenigsten vorbereitet ist. Wenn du das bist, bist du ein leichtes Ziel.

Um deine Misserfolgsquote morgen, nächste Woche und im nächsten Jahrzehnt zu verringern, solltest du dich vorbereiten, indem du heute Maßnahmen ergreifst. Wer nicht handelt, erzielt auch keine Ergebnisse.

Ich kenne jemanden, der kürzlich einen Verwandten verloren hat. Dieser Verwandte war recht wohlhabend, und als er starb, starb er ohne Testament. Sie hatten nichts, woran sie sich orientieren konnten. Es hatte keine Planung oder Diskussion stattgefunden, um sich darauf vorzubereiten. Am Ende landete der Nachlass in den Händen der Regierung. Ende.

Es lohnt sich zu planen. Immer. Immer vorbereitet sein. Ich fordere dich auf, dir jeden Tag Zeit zu nehmen, auch wenn es nur zehn Minuten sind, und zu prüfen, in welchen Bereichen deines Lebens du nicht auf das Unerwartete vorbereitet bist. Wirst du bereit sein, wenn das Schlimmste eintritt?

Stelle sicher, dass du:

- deine Gesundheit regelmäßig überprüfen lässt. Warte nicht, bis es zu spät ist, um etwas für deine Gesundheit zu tun.

- deinen Finanzplan überarbeitest. Willst du bis zum 85. Lebensjahr arbeiten, um deine Schulden zu tilgen? Beginne noch heute mit der Planung deiner Finanzen.

- mit deiner Familie über die Realität des Sterbens sprichst.

- ständig neue Fähigkeiten erlernst. Man weiß nie, wann man bei der Arbeit auftaucht und plötzlich keinen Job mehr hat.

- einen kleinen Ersatztank und einen Ersatzreifen im Kofferraum hast. Glaub mir, du willst nicht mitten im Nirgendwo gestrandet sein und dir wünschen, du hättest gestern getankt.

Denke daran: Wenn du keinen Plan für die Zukunft hast, kannst du sicher sein, dass jemand anderes ihn hat.

- Schnelles Scheitern in der Bewegung

- Finde heraus, was du willst.

- Erkenne Hindernisse und arbeite eines nach dem anderen ab.

- Mache einen kleinen Schritt in Richtung deiner Vision.

- Bitte die richtigen Leute um Hilfe.

- Nimm dir Zeit, um über das Gelernte nachzudenken und es weiter zu verbessern.

- Beziehe diese Erkenntnisse in deine Wochenplanung ein.

ABP – Always Be Prepared (Immer vorbereitet sein).

Der 7-Schritte-Rahmen für kontinuierlichen Wandel

Der Wachstumsprozess ist nie eine gerade Linie zum Erfolg. Es gibt keine Zauberformel. Veränderung ist das, was passiert, wenn man etwas gegen die Dinge unternimmt, die im eigenen Leben nicht funktionieren. Indem wir uns von den Dingen trennen, die uns schaden (Ressentiments, falsche Ängste, Selbstzweifel) und sie durch positive Handlungen ersetzen und ein wahrhaftiges Gefühl dafür entwickeln, wer wir sind, spüren wir ein stärkeres Gefühl der Selbstverwirklichung.

Es ist ein Wiedererwachen der Teile deines Lebens, die geschlummert haben. Der große Teil von dir, dem es nicht erlaubt war zu träumen oder zu fühlen, möchte plötzlich eine führende Rolle in deinem Leben übernehmen. Wir müssen ihm eine Chance geben, zu wachsen und sich zu dem zu entwickeln, was er will.

Ich habe viele Veränderungen in meinem Leben vorgenommen und gegen destruktive Verhaltensweisen angekämpft, die mir alles wegzunehmen drohten. Aber in diesem Kampf habe ich die notwendigen Elemente gelernt, um zu gewinnen. Ich habe die besten dieser Schritte in den Rest dieses kostenlosen Berichts destilliert.

Sieben Schritte zum kontinuierlichen Wandel

1. Sei verantwortlich.

Das größte Hindernis und der größte Fehler, den ich bei Menschen sehe, die sich nicht ändern können, ist die Unfähigkeit, Verantwortung zu übernehmen. Wir haben schon einmal darüber gesprochen, aber ich erwähne es noch einmal, weil es so wichtig ist.

Wenn wir unsere eigene Rolle in diesem Leben nicht anerkennen, fällt es uns schwer, uns dafür verantwortlich zu fühlen, etwas dagegen zu tun. Der Rückfall in Standardverhaltensweisen wird dich zu den destruktiven, negativen Gefühlen von Minderwertigkeit, Scham, Schuld und Ablehnung zurückführen. Wenn dies gegen dich arbeitet, kehrt die Opfermentalität zurück und du sitzt wieder in der Falle.

Dadurch wird die Frustration noch größer, wenn man zurückgehen und wieder von vorne anfangen muss. Die Menschen geben auf, weil sie des Kampfes müde sind. Wir können den Kampf zwar nicht vermeiden, aber wir können die Reise weniger anstrengend machen, indem wir uns das, was wir tun, zu eigen machen.

Tony Robbins sagte in seinem Bestseller "Awaken the Giant Within" (Den inneren Riesen erwecken) über Veränderungen: "Wenn wir langfristige Veränderungen schaffen wollen, müssen wir glauben, dass wir für unsere eigenen Veränderungen verantwortlich sind, nicht jemand anders.

Die Welt wird sich nicht für dich ändern. Nur du kannst dich für dich selbst ändern. Indem wir die Verantwortung übernehmen und uns diese wirklich zu eigen machen, können wir den Prozess von Jahren auf Tage und Stunden beschleunigen. Der Wandel kann so schnell geschehen, wie du willst, aber wir müssen bereit sein, uns ihm zu stellen.

2. Sei bereit zu scheitern.

Wir haben Angst, Risiken einzugehen, weil wir versagen könnten. Aber ohne bei den Dingen zu scheitern, die wir gerne tun, können wir nicht vorankommen. Und wenn man nicht vorankommt, steckt man immer noch fest.

Wir haben die selbstzerstörerische Haltung des Scheiterns in Kapitel 7 behandelt, aber um es hier noch einmal zu wiederholen: Die Bereitschaft, Fehler zu machen, ist gesund. Im Laufe der Jahre haben wir eine rebellische Haltung gegenüber den Kritikern in unserem Leben entwickelt, wenn wir versagen. Sie ließen uns wissen, dass es nicht in Ordnung ist, durchschnittlich zu sein. Sie erinnerten uns daran, dass Versagen gleichbedeutend mit "nicht gut" ist.

Die Straße ist keine gerade Linie. Es gibt Löcher auf der Straße, und wir fallen immer wieder in diese Spurrillen. Aber wie man so schön sagt: Wenn man hinfällt, kann man unten bleiben oder wieder aufstehen. Scheitern ist nichts anderes als eine Lektion im Leben. Es ist eine Lektion, die uns Resilienz lehrt.

Diejenigen, die zu ihren Fehlern stehen und durch Selbsterkenntnis erkennen, dass es in Ordnung ist, manchmal zurückzufallen, werden stärker sein als diejenigen, die vor der Herausforderung zurückschrecken. Der Schlüssel liegt nicht nur darin, weiterzumachen, sondern sich fest vorzunehmen, niemals aufzugeben.

3. Übe dich in Selbstmitgefühl.

Vor allem sollten wir freundlich zu uns selbst sein. Mach dir klar, dass du jetzt alles tust, was du kannst, um ein besserer Mensch zu werden, jemand, der mehr Mitgefühl hat und in der Lage ist, die Hindernisse des Lebens zu überwinden. Sei gut zu dir selbst, indem du dich mit erfüllenden Aktivitäten beschäftigst, die zu deinem Selbstwertgefühl und deiner Selbstliebe beitragen.

Hier sind einige Beispiele:

- Gönn dir viel Ruhe.

- Verbring Zeit mit jemandem und sprecht über die Reise, auf der ihr beide euch befindet.

- Denk über die vielen Dinge nach, für die du in deinem Leben dankbar bist.

- Hör auf, zu versuchen, zu viel zu erreichen. Konzentriere dich auf die Selbstentfaltung als dein Hauptziel.

Zusätzlich zu den oben genannten Vorschlägen empfehle ich dir, dich regelmäßig selbst zu überprüfen. Schau dir die Bereiche in deinem Leben an, die am meisten Arbeit benötigen. Ist es in deinen Beziehungen zu anderen? Bist du körperlich nicht in Form? Leidest du unter Negativität, die immer wieder in deine Gedanken eindringt?

Was auch immer es ist, denk an verschiedene Maßnahmen, die du ergreifen kannst, um das Hindernis zu überwinden. Vielleicht hast du zum Beispiel jahrelang deinen Körper schlecht behandelt, indem du geraucht, Junkfood gegessen oder zu viel getrunken hast.

Um die Ebene der Erfüllung zu erreichen, auf der du mit deinem Körper zufrieden bist, kannst du dir Hilfe holen, um ein Suchtverhalten zu beenden. Wenn du übergewichtig bist, kannst du damit beginnen, dich gesünder zu ernähren oder an einem Abnehmprogramm teilzunehmen.

All dies sind positive Handlungen, die zu Selbstmitgefühl führen. Das Lesen dieses Buches ist zum Beispiel eine Möglichkeit, wie du zu deinem neuen Lebensstil beitragen kannst. Aber das Lesen eines Buches bedeutet nichts, wenn du das, was du lernst, nicht in die Tat umsetzen kannst. Um dies zu erreichen, musst du regelmäßig „Reflexionssitzungen" abhalten, in denen du dich mit der Realität auseinandersetzt, wo du stehst, wer du bist und worauf du dich konzentrieren musst, um dorthin zu gelangen, wo du hin willst.

Zum Selbstmitgefühl gehört eine intensive Selbstliebe. Du musst dir ansehen, wer du sein möchtest, wer du jetzt bist, und herausfinden, was du an dir selbst nicht magst. Nur wenn wir die Person, die wir sind, und die Eigenschaften oder Gewohnheiten, die uns schaden, erkennen, können wir die Person werden, die wir wirklich sein wollen.

Dies erfordert ein diszipliniertes Vorgehen:

• Vereinbare wöchentliche Sitzungen, um zu überprüfen, wo du stehst.

• Bestimme die Personen, an die du dich wenden kannst, wenn du Hilfe benötigst.

• Mach mindestens eine Tätigkeit pro Woche, die dir Spaß macht und die dich erfüllt.

• Bleib widerstandsfähig auf einem Weg, der auf dein weiteres Wachstum ausgerichtet ist.

4. Lass dich auf erfüllende Beziehungen ein.

Die Beziehungen in deinem Leben haben einen großen Einfluss auf die Veränderungen, die du erreichen kannst. Jemand, der sich in einer missbräuchlichen Beziehung befindet, hat eine viel bessere Erfolgsquote bei der Veränderung, wenn er diese Beziehung verlässt. Wenn die Menschen an deinem Arbeitsplatz negativ sind und dich zurückhalten, wie zum Beispiel ein kritischer Chef oder Kollegen, ist es besser, den Job zu verlassen und sich etwas anderes zu suchen.

Wir müssen uns bewusst machen, welche Art von Beziehungen wir haben und in die investieren wollen. Wenn wir uns nicht darüber im Klaren sind, welche Art von Beziehungen wir eingehen sollten, laufen wir Gefahr, in Beziehungen zu geraten, die unser Selbstwertgefühl schädigen, verletzen und zerstören.

Intime Beziehungen zu Menschen, die unser Wachstum fördern, bilden eine gegenseitige Beziehung des Respekts und der Liebe. Ich habe erlebt, wie Menschen massiv gewachsen sind, nachdem sie sich von Beziehungen getrennt haben, die ihrem Leben geschadet hatten.

Befindest du dich in einer Situation, in der jemand dir gegenüber extrem kritisch ist? Halten sie dich davon ab, dich weiterzuentwickeln, weil sie Angst haben, dass du dich veränderst und sie zurücklässt? Fällt es dir schwer, mit diesen

Menschen zu kommunizieren, weil sie sich weigern, sich deine Ideen für ein besseres Leben anzuhören?

Wir müssen tief eintauchen und die Beziehungen analysieren, in denen wir uns gerade befinden, sowie die Beziehungen, die wir gewöhnlich eingehen.

5. Konzentriere dich auf Strategien zur Stärkung des Selbstwertgefühls.

Das Selbstwertgefühl ist wie eine Ebbe und Flut des Wachstums. An manchen Tagen steigt es, an anderen kann es sinken, was auch dein Selbstvertrauen und deine positiven Gedanken beeinflusst.

Wenn du jedoch über Strategien verfügst, um dein Selbstwertgefühl zu stärken, bist du besser in der Lage, dein Energieniveau jederzeit zu steigern, wenn du es wünschst. Du musst dich dann nicht mehr darauf verlassen, dass deine Gefühle bestimmen, wie du mit den Dingen umgehst, sondern kannst diese Strategien nach Belieben anwenden.

Selbstwertgefühl-Strategie Nr. 1: Konzentriere dich auf kleine, erreichbare Aufgaben. Du kannst dein Selbstwertgefühl aufbauen, indem du kleine Projekte erfolgreich abschließt, anstatt zu versuchen, dir zu viel vorzunehmen. Fokussiere dich auf das, was realistisch ist, und gehe Schritt für Schritt vor. Mit anderen Worten: Gehe es ruhig an.

Selbstwertgefühl-Strategie Nr. 2: Lerne eine neue Fähigkeit. Gibt es etwas, das du schon immer lernen wolltest, für das dir aber das Engagement oder das Selbstvertrauen fehlte? Der Erwerb neuer Fertigkeiten ist ein effektives Mittel zur Stärkung deines Selbstwertgefühls. Außerdem unterstützt er den Wandel und hat positive Auswirkungen auf dein Leben.

Selbstwertgefühl-Strategie Nr. 3: Achte darauf, wie du mit dir selbst redest. Unser Verstand kehrt oft in den negativen Zustand zurück, an den er sich gewöhnt hat. Wenn du anfängst, dich selbst schlecht zu reden, drehe den Spieß um und verwende positive Affirmationen und selbstbejahende Gedanken. Lass nicht zu, dass die ganze Arbeit, die du geleistet hast, dadurch zunichtegemacht wird.

6. Stelle einen Life Coach ein.

Ich empfehle dir dringend, einen Life Coach zu engagieren oder einen Mentor für deine Reise zu finden. Das kann einen gewaltigen Unterschied machen, wenn es darum geht, aus negativen Mustern herauszukommen. Der beste Weg ist, dich an jemanden zu wenden, dem du vertraust. Aber wie findet man einen Mentor? Wo gibt es diese Menschen?

Definiere zunächst die Qualitäten, die du dir von einem Life Coach oder Mentor wünschst. Wer ist am besten geeignet, dir zu helfen? Gibt es jemanden in deinem persönlichen Umfeld, der als Mentor fungieren könnte? Wenn nicht, könntest du dich einer Selbsthilfegruppe anschließen oder mit jemandem in Kontakt treten, der ähnliche Erfahrungen gemacht hat.

Erstelle eine Liste der Eigenschaften deines idealen Mentors. Warum sind diese Eigenschaften für dich wichtig?

Dein Mentor sollte zum Beispiel jemand sein, der ...

- aufmerksam, leidenschaftlich und besorgt zuhört und bei Bedarf Vorschläge macht.

- sich auf die Welt seines Partners bezieht, indem er ähnliche Erfahrungen teilt.

- lehrt, indem er zeigt und nicht nur erzählt.

- seinen Partner herausfordert, Wege zu finden, um Probleme zu lösen und sich selbst zu helfen.

- dem Partner hilft, eigene Lösungen für reale Probleme zu finden, ihm aber nicht die Last abnimmt, seine Probleme zu lösen.

- mit dir Seite an Seite reist, um sich gegenseitig aufzufangen, wenn der andere fällt.

- durch Beharrlichkeit und Geduld lehrt.

- Menschen auf den Erfolg vorbereitet, sie auf ihrem Weg fördert und ihnen Raum zum Wachsen gibt, aber immer bereit ist, die Last zu teilen, wenn sie zu schwer wird.

- sich für das Wachstum, die Expansion, die Entwicklung und das geistige Wohlergehen der Menschen einsetzt, denen er dient.

- seine Visionen, Träume und Wünsche mit ihren Mentoring-Partnern teilt und ihnen hilft, ihre eigenen Träume durch das Streben nach Spitzenleistungen zu verwirklichen.

6. Erlerne Fähigkeiten, um deinen Einfluss zu vergrößern. Eine der schnellsten Möglichkeiten, Veränderungen herbeizuführen, besteht darin, eine neue Fähigkeit zu erlernen, die deinen schnellen Wachstumszyklus beeinflusst. Schnelles Wachstum ist das Ergebnis der Anwendung dessen, was du lernst, um ein Ergebnis zu erzielen. Wie Tom Bilyeu, der Begründer der **Impact Theory**, es ausdrückt: "Fertigkeiten schaffen Nutzen."

Was bedeutet das also? Es bedeutet, dass du unabhängig von deiner Ausbildung, deinem Hintergrund oder deinen bisherigen Erfolgen immer neue Fähigkeiten erlernen kannst, die dich zu dem führen, was du wirklich willst. Veränderung ist das Ergebnis bewussten Handelns, das dich auf etwas hinführt, das du mit Leidenschaft verfolgst und das dein Leben erfüllt.

8. Mache den Wandel zu einem kontinuierlichen Zyklus.

Dies erfordert tägliche Arbeit, aber du kannst es schaffen, wenn du dich darauf konzentrierst, voranzukommen und konsequent kleine Maßnahmen zu ergreifen. Du hast Zugang zu einer Vielzahl von Ressourcen, einschließlich Bücher, Kurse und vieles mehr.

Mache dir über deine Ziele und die Gewohnheiten, die du entwickeln möchtest, klar. Dies ist

ein guter Zeitpunkt, um dich auf die Gewohnheiten und Verhaltensweisen zu konzentrieren,
die dich zurückhalten.

Ablenkungen kontrollieren und das Shiny-Object-Syndrom bewältigen

Du befindest dich in einem ständigen Kampf um die Kontrolle über deine Gedanken. In der einen Minute arbeitest du an deiner obersten Priorität. In der nächsten Minute siehst du dir ein Katzenvideo an.

Und du magst nicht einmal Katzen.

Am Anfang, als ich mir meiner Sucht nach Ablenkung bewusst wurde, habe ich mir angewöhnt, darüber Buch zu führen, wie oft ich einen Gedanken hatte, etwas anderes zu tun. Ein Beispiel: Ich schreibe gerade einen Artikel für den Newsletter dieser Woche. Er muss bis zum Ende des Tages fertig sein, weil ich ihn jeden Dienstag verschicke. Normalerweise brauche ich 2-3 Stunden, um diesen Artikel zu schreiben, aber bevor ich anfing, meine Ablenkungen zu verfolgen, brauchte ich drei Tage, um einen Artikel zu schreiben. Drei Tage! Und warum ist das so?

Aufmerksamkeitsdefizitsyndrom. Ein anderer Begriff dafür ist Gedankenkarussell. Das ist ein buddhistischer Begriff und bedeutet unruhig, ruhelos, launisch, phantasievoll, wankelmütig, verwirrt, unentschlossen und unkontrollierbar. Mit anderen Worten, ein Gedankenkarussell ist sehr anfällig dafür, sich von allem und jedem ablenken zu lassen.

Ich nenne dies das Verfolgen von Kaninchenpfaden. Es ist auch ein Symptom des Shiny Object Syndroms (SOS).

Das Shiny-Object-Syndrom trainiert deinen Verstand, nach einem glänzenden Objekt zu suchen, um deine Aufmerksamkeit abzulenken. Das kann ein Kurs, eine Information, ein weiteres Buch oder eine Werbung in den sozialen Medien sein. Während du diese Dinge verfolgst, hinterlässt du eine Spur von zerbrochenen Objekten (auch bekannt als unerledigte Angelegenheiten).

Die Fertigstellung deiner offenen Schleifen muss deine Priorität sein. Du musst sie abschließen. Wenn es sich um ein laufendes Projekt handelt, musst du die eine Aufgabe innerhalb dieses Projekts abschließen.

Aber was mache ich, wenn ich mich plötzlich auf einem anderen Weg befinde?

STOPPEN. Einen Schritt zurücktreten. DURCH-ATMEN.

Das Wechseln von Aufgaben macht dich schnell müde. Kannst du dir vorstellen, was du erreichen würdest, wenn du dich in den nächsten 30 Tagen eine Stunde lang auf eine Aufgabe konzentrierst?

Ich kann dir sagen, was passieren würde. Du würdest die eine Sache, auf die du dich konzentriert hast, zu Ende bringen. Es gibt hier kein großes Geheimnis. Die meisten Probleme mit der Prokrastination rühren von dem Impuls her, in eine andere Richtung zu rennen als die, die du eigentlich einschlagen solltest.

Du bist immer auf der Jagd nach dem nächstbesten Ding. Du springst von einer Idee zur nächsten, ohne dir darüber im Klaren zu sein, was du brauchst oder willst. Am Ende vergeudest du Zeit, Geld und Ressourcen.

Das Shiny-Object-Syndrom (SOS) zermürbt einen mit der Zeit. Das Einzige, was schlimmer ist, als nicht die richtigen Informationen oder Werkzeuge für die Aufgabe zu haben, ist, zu viele Informationen und Werkzeuge zu haben.

Wenn du ein Haus bauen willst, brauchst du nicht fünf verschiedene Hämmer. Ein guter Hammer reicht aus!

SOS ist ein Zustand des Geistes. Er wird so lange von dir Besitz ergreifen, bis du dir bewusst darum bemühst, dein Gehirn neu zu trainieren. Die negativen Auswirkungen von SOS sind:

Unfähigkeit, Projekte abzuschließen. Wenn du dich für ein neues Projekt begeisterst, bevor dein erstes abgeschlossen ist, kannst du das Schiff verlassen, bevor du nennenswerte Ergebnisse sehen kannst.

Schlechte Planung von Ideen und Anweisungen. Menschen mit SOS neigen dazu, sich auf den Nervenkitzel bei der Verfolgung einer bestimmten Strategie oder der Durchführung einer bestimmten Veränderung zu konzentrieren, anstatt auf die Strategie oder Veränderung selbst.

So kann es sein, dass sie von der Idee eines neuen Produkts begeistert sind und mit dessen Entwicklung beginnen, aber keinen langfristigen Plan haben, wie sie diese Idee umsetzen können. Dies führt zu schlechten Ergebnissen aufgrund einer unzureichenden Umsetzung und ungenutztem Potenzial.

Eine Menge Geld ausgeben. Es gibt Hunderte von Technologie-Tools für Unternehmen, die beeindruckend und effektiv sind und deren Nutzung Spaß macht. Wenn du jedoch alle diese Dienste abonnierst oder von einer Plattform zur nächsten wechselst, verbrauchst du am Ende so viel Geld, dass sie unglaublich unrentabel werden. Infolgedessen hast du weniger Geld, das du in dein Unternehmen investieren kannst.

Ich habe Tausende von Dollar ausgegeben, um eine Menge Dinge zu verfolgen. Warum war das so? Ich war auf der Suche nach etwas, das mir die nötige Klarheit verschaffen würde. Ich konnte dies mit ein paar einfachen Schritten in meinen Gewohnheiten und meinem Denkprozess korrigieren.

Hier ist, was du tun kannst, um die Kontrolle über deine Gedanken zu erlangen:

1. Schränke deine Auswahlmöglichkeiten ein.

Die Vermarkter von heute sind geschickt darin, alles als ein dringendes "Muss" zu präsentieren. Warum brauchst du 10 Bücher über Produktivität, wenn du 1-2 der besten hast? Brauchst du 3 verschiedene Software-Abonnements, wenn eines alles kann, was du willst oder brauchst?

Wenn wir uns im Unkraut verlieren, vergessen wir, uns auf die Früchte unseres Gartens zu konzentrieren. SOS gießt das Unkraut und nicht die Pflanzen, die wichtig sind.

Die Ablenkung ist nicht das äußere Problem. Du kontrollierst die Ablenkung nicht, indem du all die Dinge kontrollierst, die um deine Aufmerksamkeit konkurrieren. Du konzentrierst dich einfach auf die eine Sache, die JETZT deine Aufmerksamkeit braucht. Schränke deine Vorlieben ein und wähle.

Ablenkung ist ein Problem der Konzentration und nicht das Ergebnis von zu vielen Dingen, die man verfolgen muss. Wenn zehn Kaninchen auf deinem Feld herumlaufen, entscheidest du, welches du jagen möchtest.

Jahrelang verfiel ich dem Shiny-Object-Syndrom. Ich kaufte dieses und jenes, probierte diese und jene Dienstleistung aus. Ich war davon überzeugt, dass ich, wenn ich nur die nächste perfekte Dienstleistung kaufen würde, endlich aufhören könnte, alles zu verfolgen.

Dann würde eine neue erscheinen.

Die Herausforderung bei SOS besteht darin, dass man immer nach der nächst besseren Option sucht. Und es gibt immer eine bessere Option als die, die du gerade gekauft hast.

Bevor du auf die Schaltfläche "Kaufen" klickst, sprich mit jemandem zu Hause oder in deinem Team. Brauchst du dieses Werkzeug, diese Schulung oder diese Dienstleistung? Wenn ja, beschreibe die Vorteile, die sie für dein Leben und dein Unternehmen bringen wird.

Wenn du dir die Zeit nimmst, darüber nachzudenken, wirst du wahrscheinlich feststellen, dass du sie nicht wirklich brauchst. Und nicht nur das: In ein paar Wochen wirst du ein ähnliches Produkt oder eine ähnliche Dienstleistung sehen, die fast das Gleiche leisten, aber besser und billiger sind.

Glaub nicht, wenn sie sagen: "Du hast zehn Minuten Zeit, um dieses Produkt mit 30 % Rabatt zu erwerben." Das ist eine Marketingtaktik und sie funktioniert. Aber wenn du dich nächste Woche für dieselbe Dienstleistung oder dasselbe Produkt anmeldest, wirst du die gleiche Geschichte hören.

Vergleiche die angebotenen Produkte. Wenn ich online einkaufe, vergleiche ich die Preise für dieses und jenes. Nachdem ich die Preise verglichen habe, kann ich das Produkt in der Regel billiger bekommen. Impulskäufe können dich Hunderte oder Tausende von Euro pro Jahr kosten.

Arbeite immer nur an einer Sache gleichzeitig. Wenn du gerade in ein Projekt vertieft bist, brauchst du nicht noch etwas anderes, das nicht mit dem übereinstimmt, worauf du dich gerade konzentrierst. Ich weiß, wie es ist, ehrgeizig zu sein und mehr abzubeißen, als man kauen kann.

Beende dein Projekt, und wenn du später feststellst, dass die "glänzende Sache" das beste Werkzeug oder die beste Option ist, dann greif zu. Die Chancen stehen gut, dass du das "eine Ding" schon wieder vergessen hast, wenn du es fertig hast.

Überprüfe deine Ziele. Überprüfe deine Ziele für den Monat und das Quartal. Wenn du deine Ziele nicht aufgeschrieben hast, besorge dir mein Buch "Stärke deine großen Ziele" und arbeite daran. Wenn du deine Ziele überprüfst, wird alles in Einklang gebracht. Wenn das glänzende

Objekt nichts mit dem zu tun hat, woran du gerade arbeitest, lass es liegen.

Daran scheitern viele Menschen. "Aber ich kann es doch jetzt kaufen und später verwenden!" Wahrscheinlich wirst du es später nicht brauchen, und außerdem, wird es in drei Monaten nicht verfügbar sein, wenn du es brauchst? Wahrscheinlich nicht. Es kann warten, und du kannst es auch.

Unterm Strich führt das Shiny-Object-Syndrom zur Ablenkungsprokrastination. Es vertieft deine Prokrastinationsgewohnheit, und wir wollen sie durchbrechen, nicht verstärken. Sobald du diesen Zustand erkennst, kannst du ihn korrigieren. Mir war nicht klar, dass ich SOS hatte, bis ich mir all die Dinge ansah, die ich gekauft und die Kurse, für die ich mich angemeldet hatte. Als ich mir meines SOS bewusst wurde, änderte sich alles.

Bevor ich mit der Jagd beginne, mache ich Folgendes:

Innehalten! Ich tue nichts.

Es mir überlegen.

Das Für und Wider mit jemandem **diskutieren**, dem ich vertraue.

Ich **bleibe** 24 Stunden lang, wie ich bin

Ich **überdenke** die Entscheidung/Diskussion innerhalb von 48 Stunden.

Ich **beende** zuerst das, was ich tue.

Ich nenne dies die STATIC-Methode. Wenn du von zu vielen Entscheidungen überwältigt wirst oder wenn die Verwirrung es schwierig macht, sich zu konzentrieren, erinnere dich an die STATISCHEN Schritte und verlangsamen das Tempo.

Treffe keine impulsiven Entscheidungen. Halte inne und denke nach. Wenn du dich gehetzt fühlst oder dich zu etwas verpflichten willst, bei dem du dir nicht 100%ig sicher bist, tue nichts. Warte. Atme durch. Nimm dir Zeit. Massives Handeln bedeutet nicht, sich auf alles zu stürzen, was man sieht.

Du tust deinem Unternehmen und deinem Verstand einen Gefallen, wenn du die Jagd nach diesen glänzenden Objekten aufgibst. Achtundvierzig Stunden später fühlst du dich vielleicht ganz anders und bist froh, dass du dir die Zeit zum Nachdenken genommen hast.

Weniger ist immer mehr. Du willst die effizientesten und kosteneffektivsten Werkzeuge und Dienstleistungen, nicht eine Vielzahl verschiedener Werkzeuge, die alle dasselbe tun.

Aktion Aufgabe:

Da du nun weißt, was SOS ist und wie du mit dem Syndrom umgehen kannst, solltest du dir der Versuchung bewusst werden, es zu verfolgen. Verwende die STATIC-Strategie.

Setze dich mit Ideen auseinander, bevor du sie in Angriff nimmst. Bevor du mit dem neuen Projekt beginnst, das "alles verändern" wird, nimm dir einen Moment Zeit. Warte bis morgen. Zögere den Impuls hinaus, etwas Neues zu kaufen oder zu beginnen.

Beende den Bau deiner Brücke. Es gibt ein Sprichwort über halb gebaute Brücken. Man kann die andere Seite nicht erreichen. Das gilt auch für deine Ziele und deinen Arbeitsablauf.

Stelle dir ein Unternehmen vor, das Produkte herstellt, und anstatt ein Produkt fertigzustellen und auf den Markt zu bringen, beginnt es mit der Herstellung eines neuen Produkts. Nichts wird fertig, und das Unternehmen geht in Konkurs. Beende, was du gerade tust. Arbeite an einer Sache nach der anderen. Beende das Projekt, bevor du zum nächsten übergehst.

Reduziere deine Recherchezeit. Höre auf, nach neuen Dingen zu suchen. Wenn du die Informationen hast, die du brauchst, wozu dann noch mehr besorgen? Wenn du den Kurs, das Buch oder das Handbuch hast, um deine Arbeit zu erledigen, brauchst du dann noch mehr?

Wahrscheinlich nicht. Glänzende Dinge geben uns ein Gefühl der Euphorie, wenn wir etwas Neues bekommen. Es ist wie beim Kauf eines neuen Autos. Und nach ein paar Wochen willst du es gegen ein besseres Modell eintauschen. Bleibe bei dem, was du hast.

7 Wege zur Umschulung deines Gehirns

Unsere Gedanken haben einen direkten Einfluss darauf, wie wir leben. Unsere Lebensqualität lässt sich auf die Qualität unserer eigenen Gedanken zurückführen. Aber wie oft bist du in einer negativen Gedankenschleife gefangen, die immer weiterläuft? Wie viel geistige Energie verbrauchst du damit, alte Kassetten aus deiner Vergangenheit abzuspielen und den kritischen Stimmen zuzuhören, die das Gefühl haben, das Sagen zu haben?

Beseitige negatives Denken und übernehme die Kontrolle über deine Gedanken.

So wie eine positive Einstellung dich mit kreativer Energie füllt, so zehren deine negative Einstellung und die damit verbundenen negativen Gedanken an deiner geistigen und körperlichen Energie. Du fühlst dich lethargisch. Du bekommst häufiger Kopfschmerzen. Du bist weniger motiviert, zu arbeiten, zu spielen oder mit anderen zu interagieren.

Du konzentrierst dich auf das, was du nicht magst, wen du verärgerst, was du nicht hast und wie schlecht das Leben für dich gelaufen ist. Negatives Denken ist Gift für deinen Geist.

Dein Auftrag: Beseitige diesen Lärm.

Aber nicht nur der Geist ist betroffen. Auch deine Physiologie ist davon betroffen. Negative Gedanken machen dich häufiger krank, und weil du glaubst, dass du depressiv bist, nimmst du Medikamente. Doch anstatt dir zu helfen, die wahren Kernprobleme zu überwinden, bleibst du deprimiert und lebst weiter in einer Welt der Negativität.

In den meisten Fällen ist es nicht unser Umfeld, das sich ändern muss. Es sind nicht die anderen Menschen, die sich bessern und dich besser behandeln müssen. Du brauchst nicht zu hoffen, dass die Dinge besser werden, denn das werden sie nicht. Du machst die Dinge besser, indem du dich entscheidest, deine Gedanken zu ändern.

Negative Gedanken – genau wie positive – entstehen nicht zufällig. Wir erschaffen unser eigenes Unglück, genauso wie wir unser eigenes Glück erschaffen. Erstaunlicherweise glauben viele Menschen, dass Glück entsteht, wenn alles

perfekt läuft oder wenn wir endlich alles bekommen, was wir uns im Leben wünschen.

Bis dahin bleiben wir neutral oder unglücklich,
kämpfen uns durch den Tag und hoffen auf das
Beste. Negative Gedanken gedeihen in dieser
Umgebung. Deine negative Persönlichkeit sucht
nach einem Grund, um zu existieren. Wenn du
dich auf das konzentrierst, was du nicht hast,
wie schlecht die Wirtschaft ist oder wie schlecht
deine Situation ist, öffnest du deinen negativen
Gedanken die Tür, um die Kontrolle zu übernehmen.

Hier ist, was S.J. Scott über negative Gedanken
sagt, aus seinem Buch *Declutter Your Mind* mit
Barrie Davenport:

„Viele Menschen werden ihr ganzes Leben lang
von ihren negativen Gedanken geplagt. Sie haben das Gefühl, dass sie keine Kontrolle über
die Gedanken haben, die sich in ihrem Gehirn
festsetzen – und schlimmer noch, sie glauben
den 'Stimmen' in ihrem Kopf, die ihnen sagen,
dass der Himmel einstürzt.

Auch wenn es sich ganz natürlich anfühlt, sich
Sorgen zu machen und zu verzweifeln, verstärkst du das negative Denken, indem du es

nicht hinterfragst und deine Gedanken als deine Identität akzeptierst. Aber du hast es in der Hand, diese Tendenz zu erkennen und sie zu ändern, indem du die Gewohnheit des Reframings entwickelst.

Von nun an möchte ich, dass du negative Gedanken als Eindringlinge betrachtest, die Platz in deinem Kopf einnehmen. Wenn sie dort bleiben, wirst du weiterhin vergangene Misserfolge wiederholen. Schmeiße jeden dieser Eindringlinge aus deinem Kopf, sobald er auftaucht.

Wenn du das nicht tust, wirst du deine Ziele nicht erreichen, und jede Maßnahme, die du ergreifst, wird sich wie ein harter Kampf anfühlen. Negatives Denken ist mächtig, aber denke daran, dass du dafür verantwortlich bist, es zu nähren. Du erschaffst deine eigenen Gedanken – gute oder schlechte.

Was passiert, wenn wir negative Gedanken in unser Denkparadigma einbauen? Die Welt wird zu einem dunklen, schmerzhaften Ort. Ich leide, wenn ich zulasse, dass die Dämonen der Negativität die Oberhand gewinnen und meine Gefühle kontrollieren.

Wenn man in einer negativen Stimmung fest-steckt und glaubt, es gäbe keinen Ausweg, hört man auf, nach einem Ausweg zu suchen. Ich kenne niemanden, der absichtlich leiden will.

Doch unser negatives Denken ist genau das: eine Form der Selbstzerstörung. Viele Menschen erleben Tage – und sogar Wochen – an denen es nicht gut läuft. Negative Gedanken können durch eine Familienkrise, ein Trauma am Arbeitsplatz, eine schmerzhafte Trennung oder eine finanzielle Belastung ausgelöst werden. Das Leben ist nicht fair, aber was ist es schon? Dass alles perfekt läuft und wir alles bekommen, was wir wollen, ohne dafür arbeiten zu müssen?

"Das Leben ist nicht fair." Dies ist eine Aussage an das Universum, die besagt: "Ich bin ein Opfer in diesem Leben und ich verdiene etwas Besseres." Die Menschen, die etwas Besseres verdient haben, sind die, die es besser machen. Herumsitzen und auf Veränderung warten, ist wie die Erwartung, im Lotto zu gewinnen, wenn man nicht einmal einen Lottoschein gekauft hat.

Schauen wir uns an, wie du dein Gehirn umtrainieren kannst, um anders zu denken. Man ist nie zu alt, zu gebildet oder zu gut, um seinen Verstand zu ordnen und sich von den negativen

Einflüssen zu befreien, die sich im Kopf festgesetzt haben.

Stelle dir das wie einen neuen Garten vor, in dem du hart gearbeitet hast, um deine Samen zu pflanzen und wachsen zu lassen. Am nächsten Tag ist der Garten von Unkraut verdorben. Würdest du weggehen und zulassen, dass es wächst und deine ganze Arbeit zerstört? Nein, natürlich nicht.

Wie **James Allen** sagte:

"Früher oder später entdeckt der Mensch, dass er der Gärtner seiner Seele ist, der Regisseur seines eigenen Lebens."

Du bist der Meistergärtner, und dies ist dein Leben. Es gehorcht nicht den Umständen, und du bist nicht gezwungen, etwas zu tun, was du nicht tun möchtest. Deine Gedanken – und die Handlungen, die du auf der Grundlage deiner Gedanken ausführst – bestimmen deine Zukunft. Du wirst immer das tun, was dein Verstand dir befiehlt zu tun. Aber wer gibt die Befehle?

Du tust es.

Schauen wir uns an, wie du und ich von den zufälligen Gedanken beeinflusst werden, die einfach auftauchen und anfangen, alles zu ruinieren. Die meisten deiner Gedanken sind so normal (für dich), dass du sie wahrscheinlich nicht einmal hinterfragst. Aber das sind die Bereiche unseres Denkens, denen wir am meisten Aufmerksamkeit schenken müssen. Das, was wir als "natürlich" akzeptieren, ist am schwersten zu ändern, weil wir es nicht immer sehen können.

Manchmal werden andere darauf hinweisen. Sie sagen vielleicht: "Hey, du bist manchmal wirklich unhöflich", oder Schlimmeres. Aber wenn wir es nicht einmal erkennen, werden wir die Behauptung zurückweisen und uns weiterhin wie ein Idiot verhalten. Stelle dir vor, du könntest nur einen einzigen Weg in deinem Kopf ändern. Was könntest du erreichen?

Denn genau das sind mentale Blockaden: Hindernisse, die sich festsetzen, weil wir nicht die Mittel haben, sie zu beseitigen.

Aber jetzt wissen wir es. Du hast dieses Buch und das dazugehörige Material, also ändere es! Du kannst es – und du wirst es! Nichts ist unmöglich – es sei denn, dein Verstand sagt dir, dass es unmöglich ist. Aber das macht es nicht wahr.

Lass uns nun in die Strategien eintauchen, mit denen du dein Gehirn umschulen kannst, um deine negativen Gedanken zu erkennen und deine mentalen Blockaden zu lösen. Dann wirst du eine Freiheit erleben, die ihresgleichen sucht.

Die Gefahr des negativen Denkens

Wir wissen, dass negatives Denken nicht gesund ist. Es ist ja nicht so, dass wir jeden Morgen aufwachen und beschließen, den schlimmsten Tag zu haben, den wir je hatten. Aber genau das tun Millionen von Menschen jeden Tag. Sie gehen durch ihr Leben und hören auf die giftigen Stimmen in ihrem Inneren, glauben an die Kritik und die ängstlichen Gedanken, die uns Sorgen und Ängste bereiten.

Woher kommt deiner Meinung nach die Sorge? Sorgen sind das Ergebnis von Angst vor der Zukunft. Die Angst spielt eine große Rolle in deiner Vergangenheit. Du weißt, dass du nicht ändern kannst, was gesagt und getan wurde, also bleibst du dort und versuchst zu klären, was passiert ist, wiederholst wütende Gespräche und hältst an alten Ressentiments fest.

Unsere Gedanken sind gefährlich, wenn wir ihnen freien Lauf lassen. Am Ende sabotieren wir, was glorreiche Momente sein könnten, und zerstören Erinnerungen im Handumdrehen. Denk einmal darüber nach: Deine Gefühle folgen immer deinen Gedanken.

Stell dir vor, du gehst wütend durchs Leben. Jeden Tag bist du wütend, ängstlich und verängstigt. Und jetzt gehst du noch einen Schritt weiter. Weil du immer wütend bist, lässt du es an deiner Familie oder einem Haustier aus. Wie reagierst du, wenn diese etwas tun, was dich verärgert? Mit Wut. Deine negativen, wütenden Gedanken schaden nicht nur deinem eigenen Geist.

Du kannst diese Macht in der Welt ausüben, indem du sie an die Öffentlichkeit bringst. Bald verschwinden die Menschen um dich herum. Sie werden sich an dich als die Person erinnern, die immer schlechte Laune hatte. Was erzeugt eine Stimmung? Die Gedanken, die du die ganze Woche über gedacht hast.

Erkenne deine negativen Gedanken, ändere sie Tag für Tag, und allmählich wird dein Leben eine bessere Erinnerung werden. Du wirst Menschen anziehen, anstatt sie zu vergraulen. Denk daran, dass deine äußere Realität immer deine inneren Gedankengänge widerspiegelt. Was du den ganzen Tag über denkst, macht dich zu dem, was du bist.

Es ist ein so einfaches Konzept. Die Menschen denken, sie müssten alles herausfinden und das Problem an der Wurzel packen. Und was tun sie? Sie erwarten, dass die andere Person sich ändert, damit sie sich besser fühlen können. Hast du noch nie zu dir selbst gesagt: "Ich würde mich nicht so fühlen, wenn er sich einfach ändern würde …"

Die Welt und die Menschen in ihr sind dir nichts schuldig. Niemand wird einsehen, dass er sich irrt, selbst wenn du ihn darauf hinweist. Es liegt an dir, einen Sinn in deinen eigenen Denkmustern zu finden und zu versuchen, sie zu ändern. Und mit ändern meine ich, deine Gedanken zu ändern. Ich weiß, das ist leichter gesagt als getan, oder? Aber nicht unmöglich. Menschen ändern sich jeden Tag. Es kann Monate dauern, bis man Ergebnisse sieht, aber es beginnt jetzt.

Zusammenfassend lässt sich sagen, dass negatives Denken Folgendes bewirkt:

• Es sabotiert deine Zukunft;

• Es zerstört potenziell gute Erinnerungen;

• Es zerstört deine körperliche und geistige Gesundheit;

• Es verursacht Ärger, der Beziehungen sabotiert;

• Es erhöht die Wahrscheinlichkeit einer Depression;

• Es macht uns unruhig und reizbar; und

• Es erzeugt Gefühle der Verzweiflung.

Entferne die negativen Phrasen, die du festhältst.

Wie viele negative Sätze kannst du an einem Tag zählen? Ich wette, du hast genauso viele wie ich, und ich ertappe mich dabei, wie ich viele von ihnen benutze. Aber was diese negativen Sätze so hartnäckig macht, ist die Tatsache, dass wir es rechtfertigen, benutzt oder missbraucht zu werden.

"Wenn er/sie nur aufhören würde ..."

"Ich kann nicht glauben, dass sie das getan haben. Jetzt bin ich am Arsch."

"Bei mir klappt nie etwas. Ich habe es dir gesagt."

"Er macht mich so wütend."

"Alles wäre so perfekt, wenn nur …"

"Alles, was ich will, ist (trage hier deinen Wunsch ein) und dann bin ich glücklich."

"Siehst du, wie viel sie hat, und wie wenig ich habe?"

"Das Leben ist einfach nicht fair."

"Manche Menschen haben das ganze Glück."

Die Rolle des Opfers bringt dich in eine Machtposition. Du willst recht haben und die anderen haben unrecht. Du willst verstanden werden, obwohl das Missverständnis bei der anderen Person liegt. Du willst eine Entschuldigung dafür, dass dir unrecht getan wurde, damit du rechtfertigen kannst, dass du immer im Recht bist.

Ich gehe folgendermaßen vor: Nimm ein kleines Notizbuch mit. Du kannst ein Tablet verwenden, aber ich bevorzuge echtes Papier, weil man digitales Material leicht verliert. Wenn du im Laufe des Tages anfängst, dich zu beschweren oder eine deiner negativen Phrasen zu verwenden, schreibe sie hier auf. Dadurch wird dir bewusst, was du denkst und sagst, was deinen Selbstmitleid-Zug in Bewegung hält.

Selbstmitleid ist eine weitere Form des negativen Denkens. Es spinnt ein Netz von Lügen, das uns sagt: "Wenn ich das Opfer bin, muss ich nichts tun." Benutze dein Notizbuch, um die von dir verwendeten Phrasen zu identifizieren. Zähle dann die Phrasen auf, die du am häufigsten verwendest. Jeder hat ein paar, die er immer wieder gerne benutzt.

Entmachte deine innere Stimme

Wir alle haben eine große, laute innere Stimme. Diese Stimme wird besonders laut, wenn du etwas Neues ausprobierst, versagst oder Angst empfindest. Es ist die Stimme der Selbstsabotage, und sie ist nicht freundlich. Diese Stimme ist dein Verstand, der dich mit Lügen füttert, und das hat er schon immer getan. Sie ist stark, weil du ihr so lange zugehört hast, dass sie normal klingt.

Um diese Stimme zum Schweigen zu bringen, musst du sie durch eine andere Stimme ersetzen - deine wahre Stimme. Es ist die Stimme des Mitgefühls. Es ist die Stimme, mit der du geboren wurdest, nicht der gequälte Dämon, der in deinem Kopf herumläuft und versucht, Unheil anzurichten.

Wenn deine Gedanken so ungeordnet sind, scheint es, als hättest du wenig bis keine Kontrolle über sie. Aber das ist nicht wahr. Du kannst die Achterbahn der entmündigenden Gedanken jederzeit stoppen. Du hast die Macht, den Schalter umzulegen und deinem inneren Kritiker ein Ende zu setzen. Es mag viele Versuche erfordern, aber jedes Mal, wenn er sich zu Wort meldet, schalte ihn aus.

Ermittle, wer und was negative Gedanken auslöst.

Die meisten deiner negativen Gedanken sind an etwas gebunden - an eine Person, einen Ort oder eine Situation -, die als Auslöser fungiert. Wenn es sich um eine Person handelt, könnte es dein Ehepartner, dein Nachbar oder dein Kollege bzw. dein Manager sein. Manchmal genügt ein einziger Gedanke an diese Person, um dich auf eine negative Fährte zu schicken, die deinen ganzen Tag entgleisen lassen kann.

Wenn du dich auf das Objekt deiner Wut und deines Grolls konzentrierst, nährst du die negative Energie, die sie am Leben erhält. Du kannst so viel beschuldigen, kritisieren und verurteilen, wie du willst, aber der Einzige, der darunter leidet, bist du selbst.

"Dein Geist ist die Grundlage für alles, was du erlebst, und für jeden Beitrag, den du zum Leben anderer leistest. Angesichts dieser Tatsache ist es sinnvoll, ihn zu trainieren."

- Sam Harris

Ich kenne einen Mann, der wegen eines Missverständnisses mit seinem Arbeitgeber entlassen wurde. Er war monatelang wütend. Wenn er an dem Gebäude vorbeifuhr, in dem sich das Unternehmen befand, wurde er feindselig und gewalttätig und entwickelte einen tiefen Groll. Was war der Auslöser? Er ist absichtlich an dem Gebäude vorbeigefahren und hat seine negative Energie freigesetzt.

Nachdem er diesen Auslöser erkannt und diese destruktive Angewohnheit aufgegeben hatte, wurden die negativen Gedanken allmählich durch eine bessere Perspektive ersetzt, die sich darauf konzentrierte, einen besseren Job zu finden.

Vielleicht denkst du noch an eine Trennung, hegst einen Groll gegen deine Eltern oder überlegst, wie du dich an jemandem rächen kannst, der dich emotional oder finanziell verletzt hat.

Auslöser bereiten uns auf Misserfolge vor und ziehen uns in die Tiefen negativer Vorurteile. Wir können uns alle möglichen Gründe ausdenken, um an unseren Ressentiments festzuhalten. Aber das Einzige, was wir damit erreichen, ist, unser eigenes Elend zu nähren.

Notiere dir, was dein Auslöser ist, ob es sich um eine Person oder einen Ort handelt, und beginne, diese Gedanken aus deinem Kopf zu entfernen.

Hier ist eine Idee: Probiere den Gummiband-Trick aus. Lege 5-10 Gummibänder um dein Handgelenk. Wenn du an einem negativen Gedanken hängen bleibst, nimm eines der Bänder und lege es um dein anderes Handgelenk. Das ist eine großartige visuelle Hilfe, um dir zu zeigen, wie viele negative Gedanken du hast und wie viel Fortschritt du dabei machst, diese Gedanken zu unterdrücken.

Bleibe engagiert mit positiven Maßnahmen

Wenn du dich mit einem Projekt oder einem Hobby beschäftigst, für das du dich begeisterst, werden negative Gedanken aus deinem Kopf ferngehalten. Es ist schwer, schlechte Gedanken aufkommen zu lassen, wenn du glücklich bist und an etwas arbeitest, das für dich von Bedeutung ist.

Beispiele hierfür sind:

- *Eine weitere Sprache lernen*

- *Erlernen eines Musikinstruments*

- *Inspirierende Musik hören*

- *Ein Buch schreiben*

- *Erstellung eines Geschäftsplans*

- *Reparaturen zu Hause durchführen*

- *Ein Buch lesen*

- *An deinen Zielen arbeiten*

Positives Handeln ist der beste Weg, um engagiert zu bleiben. Wenn dein Geist mit einer kreativen Tätigkeit beschäftigt ist, haben negative Gedanken weniger Chancen, deinen geistigen Raum einzunehmen.

Identifiziere deine gemeinsamen Sorgen

Jeder macht sich über irgendetwas Sorgen. Tatsächlich ist es fast unmöglich, sich das Sorgenmachen abzugewöhnen. Das Beste, was du tun kannst, ist, die Zeit, in der du dir Sorgen machst, zu reduzieren.

Weißt du, über welchen Bereich deines Lebens du dir am meisten Sorgen machst? Wir alle haben Dinge, die uns Stress bereiten, und wenn das passiert, klammern sich unsere Gedanken an die Ungewissheit der Zukunft. Machst du dir Sorgen über:

Genug Geld für den Ruhestand;

Die Zukunft deines Kindes;

Jemand plant den Bau eines Hochhauses in deiner ruhigen Nachbarschaft?

Die nächste Wahl?

Während die meisten unserer Sorgen flüchtig sind und nur wenige Minuten dauern, sind es deine chronischen, sich wiederholenden Sorgen, auf die du dich konzentrieren willst. Wie oft am Tag gehen dir die besorgniserregenden Gedanken durch den Kopf, dass du nicht genug Geld hast? Hält es dich bis spät in die Nacht wach? Bekommst du Kurzatmigkeit oder Panik, wenn du daran denkst, wie wenig du hast? Reagierst du dann aggressiv?

Die Sorge ist eine Form des gewohnheitsmäßigen Denkens, die uns zum Scheitern verurteilt. Man kann nicht in Gedanken der Sorge gefangen sein und gleichzeitig einen friedlichen Geist haben. Der Weg, die chronische Gewohnheit der Sorge zu beseitigen, besteht darin, auf die Dinge zu reagieren, die einen beunruhigen.

Hast du Angst, dass dir das Geld ausgeht? Informiere dich über Finanzplanung und erstelle einen Sparplan.

Die Zukunft deiner Kinder? Sprich mit deinen Kindern darüber, was sie tun wollen. Aber denk daran, dass es sinnlos ist, sich über die Zukunft Sorgen zu machen, auf die du keinen Einfluss hast. Es ist sinnlos, sich über die Zukunft Sorgen zu machen. Sie ist eine Grauzone, in der alles passieren kann.

Bleib in der Gegenwart, dann wirst du nicht von beunruhigenden Gedanken verfolgt.

Schluss mit der Etikettierung

Wie oft am Tag bezeichnest du Dinge als gut, schlecht oder hässlich? Hier sind einige Beispiele:

"Sie ist eine echte ..."

"Ich kann den Kerl nicht ausstehen. Er ist so ein ..."

Du weißt, wie das läuft. Wir urteilen, verurteilen und meucheln den Charakter anderer Menschen. Wir alle haben das schon getan. Manche Menschen tun es jeden Tag. Für andere ist es eine Gewohnheit, die ihre Denkweise zerstört. Ja, das Etikettieren ist die zerstörerischste Form der Negativität, die man praktizieren kann. Du zerstörst den Ruf anderer Menschen, während du fälschlicherweise deinen eigenen aufbaust.

Wenn du frei von Negativität sein willst, musst du mit dem Etikettieren aufhören. Ich meine damit nicht, dass du sie einfach in zwei Hälften teilst, sondern dass du sie loswerden musst.

Aber was ist, wenn mich jemand wütend macht? Oder mich beleidigt? Oder etwas tut, wie mich abzuzocken oder mich im Straßenverkehr zu schneiden?

Du hast recht. Die Menschen verhalten sich ständig respektlos, arrogant und böswillig. Willkommen in der realen Welt. Nicht jeder ist nett. Aber willst du deine mentale Stärke wegwerfen, indem du dich zu einer Etikettierung herablässt?

Es ist besser, jemanden auf seine Handlungen anzusprechen, als ihm einen Stempel aufzudrücken, weil er etwas getan hat. Denk daran, dass das Verhalten von Menschen nicht immer ihren wahren Charakter widerspiegelt. Menschen machen Fehler, tun Dinge, die nicht ihrem Charakter entsprechen, und reagieren auf der Grundlage ihrer Erfahrungen auf eine Situation.

5 Schritte, um die Angst zu nutzen (und dein Bestes zu geben)

Wir alle wollen unsere Angst besser in den Griff bekommen und einen angstfreien Lebensstil führen. Wir alle wollen bessere Strategien für den Umgang mit den Menschen, Orten und Dingen, die unser Selbstvertrauen herausfordern. Besser noch, wir wollen handeln, wenn es nötig ist, um furchtlos zuversichtlich und erfolgreich in den Bereichen des Lebens zu werden, die wichtig sind.

Die bewusste Handlung, die du heute vornimmst, bestimmt das Ausmaß der Angst, mit der du leben musst. Angst ist nicht so komplex. Sie erscheint nur so, wenn du mit einer angstbesetzten Situation konfrontiert bist und keine wirksame oder sofortige Lösung hast, die funktioniert.

Wir haben Angst, wenn unsere Komfortzone infrage gestellt wird. Wir haben Angst, wenn wir ein Problem haben und nicht über die Mittel verfügen, es zu lösen. Wir haben Angst, wenn unsere finanzielle Sicherheit bedroht ist. Wir haben Angst, wenn Scheitern der notwendige Schritt zum Erfolg ist.

Deshalb habe ich eine einfache 5-Schritte-Lösung entwickelt, um das Leben in vollen Zügen zu genießen und in allem, was du tust, großartig zu werden.

Wenn du bereit bist ...

Aktionsschritt Nr. 1: Kenne deine Angst

Wir alle haben unsere Bereiche im Leben, in denen wir am meisten Angst haben. Das kann bei der Arbeit sein, zu Hause, soziale Ängste oder persönliche Herausforderungen. Du kannst dir einen Moment Zeit nehmen, um herauszufinden, was dir im Moment am meisten Angst macht.

Gibt es etwas, das du vor dir herschiebst? Vermeidest du bestimmte Situationen, weil du abgelehnt werden könntest? In welchen Situationen erlebst du die meiste Angst?

Wenn du weißt, wie sich die Angst in einem bestimmten Bereich auf dich auswirkt, kannst du deine Energie darauf konzentrieren, dich zu wehren. Ermittele die Bereiche in deinem Leben, in denen die Angst dich kontrolliert. Hast du Angst, etwas oder jemanden zu verlieren? Hast du Angst davor, eine neue Aufgabe zu übernehmen, bei der du versagen könntest? Wir können unsere Angst erkennen, wenn wir verstehen, was sie auslöst.

Aktionsschritt Nr. 2: Lass von deinen Fehlern der Vergangenheit und deinen Erwartungen an die Zukunft los.

Angst existiert in zwei Zuständen: in der Vergangenheit und in der Zukunft. Wir sind in vergangenen Erinnerungen an Dinge gefangen, bei denen wir versagt haben. Die Vergangenheit birgt all unsere schmutzigen kleinen Geheimnisse [komm schon, du hast mindestens eins].

Die Zukunft birgt alles, wovor wir Angst haben [und das meiste wird nicht passieren]. Wenn dein Geist an der einen oder anderen Stelle feststeckt, schaffst du dir selbst einen angstvollen Zustand.

In der Gegenwart zu bleiben und sich auf das zu konzentrieren, was du heute tun kannst, ist die beste Nutzung deiner Zeit und Energie. Deine

Zukunft findet genau jetzt statt. Die Vergangenheit ist das Ergebnis dessen, wie du dich entscheidest, jetzt zu leben. Sowohl deine Vergangenheit als auch deine Zukunft sind die Bedingungen, die im Jetzt geschaffen wurden und werden.

Wir halten an unserer Vergangenheit fest, weil wir davon besessen sind, was wir hätten anders machen können. Hätte ich Tür 2 statt Tür 3 wählen sollen? Habe ich die richtige Wahl getroffen? Ich begegne diesem Denken mit einer einfachen Affirmation: Ich lasse mein Bedauern los. Ich bin dankbar für die Lektionen, die mich meine vergangenen Fehltritte gelehrt haben.

Die Zukunft ist ein ängstlicher Ort voller Erwartungen. Werde ich bekommen, was ich will? Werde ich scheitern und alles verlieren? Was wäre, wenn ...?

Ich bearbeite diesen wild wirbelnden Gedankengang mit einer einfachen Affirmation: Ich habe alle Eigenschaften, die ich brauche, um in allen zukünftigen Unternehmungen höchst erfolgreich zu sein.

Empfohlene Lektüre: Eckhart Tolle erörtert dieses Thema ausführlich in seinem inspirierenden Buch *Jetzt! - Die Kraft der Gegenwart*

Aktionsschritt Nr. 3: Erinnere dich daran, dass dies eines Tages ein Ende haben wird.

Das Leben ist kurz. Wir haben gerade genug Zeit, um ein paar Mal zu lachen, ein wenig zu weinen, wichtige Arbeit zu leisten, die etwas bewirkt, und das Beste zu geben, was wir sein können. Das alles geschieht in etwa siebzig Jahren, mehr oder weniger.

Jeder Tag, den du damit verbringst, dir Sorgen zu machen, erzeugt Ängste, die deinen ängstlichen Zustand noch verstärken. Denk daran, dass du nur eine begrenzte Zeit zur Verfügung hast. Manche haben weniger als andere. Eines Tages wird alles vorbei sein, und das Einzige, was dann noch zählt, sind die Menschen, die du geliebt hast, und die Erfahrungen, die du gemacht hast.

Teilst du das Beste von dir selbst mit den Menschen, die dir am wichtigsten sind? Hilfst du jemandem, ohne eine Gegenleistung zu erwarten?

Wenn du von uns gegangen bist, wird man sich an dich erinnern, weil du der Welt etwas gegeben hast, und nicht, weil du etwas gesammelt hast oder wie viel du besessen hast.

Aktionsschritt Nr. 4: Verbringe täglich zwanzig Minuten damit, im gegenwärtigen Moment zu sein.

Nichts ist so beruhigend wie der gegenwärtige Augenblick. Das ist ein wichtiger Grund, warum sich Millionen von Menschen Aktivitäten wie Meditation und Yoga zugewandt haben. Verbring Zeit mit dir selbst, indem du einfach sitzt, tief nachdenkst und dich auf deine Atmung konzentrierst. Deine Ängste werden keinen Platz in deinem Kopf haben, wenn du die Richtung deiner Gedanken kontrollierst.

Wenn unsere Aufmerksamkeit geteilt ist, übernehmen ängstliche Gedanken und Gefühle die Oberhand. Wir können uns selbst in einen Zustand der Panik und Frustration versetzen. Du kannst den Schlaf verlieren oder körperlich krank werden. Der gegenwärtige Moment ist der einzige Zustand der Zeit, den wir haben.

Nimm dir zwanzig Minuten am Tag Zeit, um dich zu erden. Tu dies mehrmals am Tag. Plane diese Zeit ein und mache sie zu einem Ritual.

Nimm dir die Zeit:

1. Zu meditieren.

2. Zu visualisieren, wie du deine Ziele erreichst.

3. Musik zu hören, die zum Handeln anregt.

4. Deine Gedanken zu beobachten und deine negativen Gedanken in positive zu ändern.

Aktionsschritt Nr. 5: Verschwende dein Leben nicht.

Dies scheint eine offensichtliche Aussage zu sein. Aber mache das Beste aus deiner Zeit. Sieh weniger fern. Spiele weniger Videospiele. Schalte die sozialen Medien einen Tag lang aus.

Verbringe mehr Zeit mit Lesen, sprich mit Menschen über Themen, die dir wichtig sind, und mache lange Spaziergänge in der Natur. Baue hochwertige Aktivitäten in deinen Tagesablauf ein.

Menschen, die in Angst leben, sind in einer Existenz des Leidens gefangen. Du kannst weniger leiden, indem du präsent bist und positive Maßnahmen ergreifst, um dein Leben erstaunlich zu machen.

Willst du ein erstaunliches oder ein ängstliches Leben führen?

Angst ist ein starker Motivator. Sie ist eine Signaltafel, die mit jedem von uns kommuniziert. Wovor du Angst hast, ist ein Bereich deines Lebens, der Aufmerksamkeit braucht.

Wenn du Angst vor dem Alleinsein hast, liegt das daran, dass du mit anderen zusammen sein willst, aber Angst vor dem Risiko hast, zurückgewiesen zu werden. Angst vor Geld oder davor, kein Geld zu haben, bedeutet, dass du einen besseren Finanzplan für dich aufstellen musst. Wenn du Angst hast, krank zu werden, könntest du dich besser ernähren und mehr Sport treiben. Ergreife Maßnahmen gegen die Sorgen, die du hast. Sich Sorgen zu machen, ist keine positive Handlung. Sie erzeugt Stress und Negativität.

Betrachte die Angst als einen Begleiter auf deiner Reise. Sie sagt dir, worauf du achten musst. Erkenne die Ängste, die dich zurückhalten.

Was kannst du tun?

Ich habe ein Angst-Tagebuch geführt. Ich machte eine Liste der Dinge, vor denen ich Angst hatte, und der Handlungen, die ich vermied. Das reichte von schlechter Finanzplanung über das Ausfüllen von Bewerbungen bis hin zu Gesprächen mit Menschen, mit denen ich nicht sprechen wollte.

Dann habe ich mich jede Woche auf einen dieser Schmerzpunkte konzentriert. Indem ich etwas dagegen unternahm, konnte ich nicht nur die Angst beseitigen, sondern auch ein furchtloses Selbstvertrauen aufbauen, um sie zu bewältigen.

Übermäßige Sorgen, Ängste und all die anderen Störungen, die damit einhergehen, zerstören deinen Seelenfrieden. Doch der Weg des furchtlosen Kriegers ist es, zu handeln und etwas dagegen zu tun.

Du kannst die Angst nutzen, um in allen Bereichen deines Lebens großartig zu werden.

Was hält dich zurück? Wovor hast du heute Angst und was könntest du ab heute bewusst angehen?

Jetzt ist es an der Zeit, deine Liste der furchtlosen Maßnahmen zu erstellen und dich an die Arbeit zu machen.

7 Tipps für den Umgang mit Ablehnungsempfindlichkeit

Eine der größten Illusionen im Zusammenhang mit Ablehnung besteht darin, dass wir uns einreden, dass wir persönlich "abgelehnt" werden, als ob uns jemand etwas antut. Aber in Wirklichkeit beginnt die Ablehnung im Inneren. Sie kommt von unseren inneren Kritikern, den alten Stimmen, die uns sagen: "Du taugst nichts" oder "Wozu die Mühe? Du wirst doch sowieso scheitern".

Wenn wir uns selbst zuerst ablehnen, senden wir eine klare Botschaft an die Menschen. Es ist, als würden wir selbst die Schrift an die Wand schreiben. Die Menschen spüren, wenn es jemandem an Selbstvertrauen fehlt. Wenn du in eine Bank gehst, um einen Kredit zu bekommen, und du glaubst - noch bevor du dich mit dem Kreditsachbearbeiter triffst - dass du den Kredit auf keinen Fall bekommen wirst, wird sich dieses Gefühl bei dir festsetzen. Achte auf Situationen, in denen du dich selbst ablehnst, bevor jemand anders eine Chance hat.

Hör auf, äußeren Kräften die Schuld für fehlgeschlagene Ergebnisse zu geben

Die volle Verantwortung für dein Leben und deine aktuelle Situation zu übernehmen, ist ein wichtiger Schritt zur Charakterbildung. Indem du Verantwortung übernimmst, übernimmst du die Kontrolle. Die Entscheidung, nicht mehr andere für dein Unglück verantwortlich zu machen, ist ein gesunder Ansatz zur Übernahme von Verantwortung. Das bedeutet nicht, dass du vergessen musst, was in der Vergangenheit passiert ist, aber du musst weitermachen.

Dies kann nur geschehen, wenn du dich entscheidest, dein Leben nach deinen eigenen Bedingungen zu leben, indem du eine feste Entscheidung triffst und Maßnahmen ergreifst, um eine positive und erfüllende Zukunft zu schaffen. Du gibst dir selbst die Erlaubnis, frei zu sein. Niemand sonst wird dir das geben. Wenn du dein Leben so akzeptierst, wie es ist, und bereit bist, alles zu tun, was nötig ist, um voranzukommen, dann bist du bereit, Verantwortung zu übernehmen.

Übe Vergebung und Akzeptanz und verpflichte dich, vorwärts zu gehen. Bleib nicht an einem Ort stecken und warte darauf, dass jemand anders alles besser macht. Wenn du darauf wartest, dass jemand anders die Verantwortung übernimmt, verlierst du die Chance, die Situation zu verbessern, und die Möglichkeit, dich selbst zu heilen, ist dahin.

Nimm eine Meinung als voreingenommenen Mangel an Wissen

Jeder hat eine Meinung. Sie ist eine der Möglichkeiten, wie wir unsere Gedanken und Gefühle mitteilen. Wir bilden uns Meinungen über andere aufgrund von Äußerungen, Handlungen oder Unterschieden in der Persönlichkeit. Wenn du mit Ablehnung zu kämpfen hast, können sich unterschiedliche Meinungen negativ auf dein Selbstvertrauen auswirken.

Wir nehmen die Meinungen und Urteile anderer als persönliche Beleidigung auf. Wenn jemandem nicht gefällt, wie du aussiehst, wie du dich kleidest oder wie du dich verhältst, nimmst du das vielleicht zu persönlich. Es gibt viele Details, anhand derer sich andere Menschen eine Meinung über dich als Person bilden.

Es ist leicht, alles zu glauben, was man hört, besonders wenn man überempfindlich ist. Wir können zwar nicht verhindern, dass die Welt

Meinungen hat, aber wir können wählen, wie wir sie akzeptieren. Wirst du dich revanchieren und mit einem eigenen Angriff zurückkommen? Oder wirst du das Gesagte als eine voreingenommene Bemerkung hinnehmen, die auf einem Mangel an Beweisen beruht? Außerdem, wer kennt dich besser als du selbst? Warum solltest du das Wort eines anderen als die einzige Wahrheit annehmen, wenn du weißt, dass es nicht so ist?

Dies gilt auch umgekehrt. Deine Bewertung einer anderen Person beruht auf demselben Mangel an Informationen, den andere nutzen, um sich eine Meinung über dich zu bilden. Du hast hier zwei Möglichkeiten: Du kannst den negativen Kreislauf fortsetzen, indem du andere so abstempelst, wie sie dich abstempeln, oder du kannst dich in totaler Akzeptanz üben, um mehr Empathie für andere zu entwickeln.

Mangelndes Einfühlungsvermögen ist der Grund für viele soziale Probleme. Wenn wir die Meinungen und Kritiken anderer akzeptieren, glauben wir, dass das, was sie entscheiden, die Wahrheit über uns ist. Aber das ist es nicht. Erste Meinungen sind selten richtig.

Erinnere dich an deine schambesetzte Kindheit

Für die meisten Menschen hat das Leben in Ablehnung seine Wurzeln in der frühen Kindheit. Damals wurden wir ohne die Aufmerksamkeit oder den Respekt behandelt, den wir verdient hätten. Kritik war allgegenwärtig. Wir waren nie gut genug, egal wie sehr wir uns bemühten oder wie erfolgreich wir waren. Das Ergebnis war ein Leben in Scham, ein Hauptmerkmal derjenigen, die sich abgelehnt fühlen.

Es kann eine schmerzhafte Erfahrung sein, auf diese Zeit in unserem Leben zurückzublicken, in der nicht alles perfekt war. Aber wenn du zu dem Ereignis in deiner Vergangenheit zurückkehrst, bei dem du am verletzlichsten warst, und diesen Schmerz noch einmal durchlebst, kannst du mit der Zeit den Schaden heilen, der angerichtet wurde.

Lass die Misserfolge der Vergangenheit los, die dich definieren

Wenn du in der Vergangenheit zurückgewiesen wurdest, wirst du dich auch in der Zukunft zurückweisen. Wir spielen alte Geschichten von Misserfolgen und negativen Ergebnissen aus unserer Vergangenheit nach. Wenn dies geschieht, erschaffen wir mehr davon. Deine Vergangenheit ist nicht das, was du bist, sondern das, was du warst. Bist du noch dieselbe Person wie vor zwanzig Jahren? Ich weiß, dass ich es nicht bin.

Sicher, viele Dinge an dir haben sich nicht geändert, und die Leute nennen dich immer noch jemanden, den sie aus einer lebenslangen Freundschaft kennen. Aber wir alle entwickeln uns weiter, auch wenn diese Veränderungen nur subtil sind. Wenn du dein zukünftiges Glück oder deinen Erfolg auf das stützt, was du in der Vergangenheit erreicht hast, wiederholst du damit die Geschichte. Du kannst deine Zukunft durch die Maßnahmen bestimmen, die du jetzt ergreifst. Deine Gedanken, Worte und Gefühle sind mächtig und können dein Leben in einem Augenblick verändern, wenn sie richtig konditioniert sind.

Übe, absichtlich abgelehnt zu werden

In seinem Bestseller "Rejection Proof" stellt sich Jia Jiang einer großen Herausforderung. Im Rahmen eines Projekts, das er "100 Days of Rejection" nannte, machte er sich auf, um im Laufe von 100 Tagen abgelehnt zu werden.

Während dieses sozialen Experiments versuchte Jia unerhörte Mutproben, um seine Angst vor Ablehnung zu überwinden, wie er sie noch nie erlebt hatte. Er bat um Donuts mit dem olympischen Symbol, gab fünf zufälligen Personen 5 Dollar und forderte einen CEO zu einem Wettstarren heraus. Sein Ziel war es, sich selbst gegenüber Ablehnung zu desensibilisieren, damit er seine Ängste überwinden und seinen Traum vom Unternehmertum leben konnte.

Und was ist mit dir? Auf welche Weise könntest du dich selbst ins Rampenlicht stellen und abgelehnt werden, um dich gegen die Angst zu desensibilisieren? Wir geben uns mehr Mühe, die Angst zu vermeiden, als sie zu nähren. Wenn wir also zurückgewiesen werden (und das wird passieren), tut das weh und wir erinnern uns an den Schmerz als etwas, das wir nicht noch einmal erleben wollen. Infolgedessen halten wir uns so weit wie möglich von ihr fern.

Baue dein Selbstvertrauen durch konsequentes Üben auf

Selbstvertrauen gewinnt man, indem man etwas unternimmt. Fordere dich selbst heraus, die Dinge zu tun, die schwierig sind. Diese sind leicht zu erkennen, weil wir uns gegen das wehren, was wir nicht tun wollen. Oder wir schieben schwierige Aufgaben vor uns her, weil sie schwer sind, obwohl sie auf lange Sicht den größten Nutzen bringen.

Selbstvertrauen ist eine Tätigkeit, bei der wir handeln müssen. Es kann nur aufgebaut werden, wenn wir unsere Ängste und Unsicherheiten auf den Prüfstand stellen. Du kannst diese Liste von Ablehnungsstrategien als Ausgangspunkt für die Entwicklung eines höheren Maßes an Vertrauen und Zuversicht verwenden.

Sei gut zu dir selbst

Einer der größten Hänger, der viele Menschen besiegt, ist die Angewohnheit, sich selbst zu verurteilen. Du wiederholst ständig negative Gedanken wie "Ich bin der Liebe nicht würdig", "Ich tauge nichts" oder "Ich habe niemandem etwas Wertvolles zu geben".

Du tust dies, indem du bedingte Verhaltensweisen verstärkst, die deine Handlungen zunichte machen. Indem du dich mit negativen Selbstgesprächen und harscher Kritik quälst, minimierst du deinen persönlichen Wert, indem du dich in die Denkweise "Ich bin wertlos" einkaufst.

Das ist die große Lüge, die sich selbst perpetuiert und im Laufe der Jahre immer stärker wird. Je öfter du dir diese negativen Botschaften einredest, desto realer werden sie. Das muss ein Ende haben, wenn du über deinen derzeitigen Zustand hinauswachsen willst.

Ich möchte, dass du dir hier eine Pause gönnst. Du bist nicht perfekt, aber mit der Lektüre dieses Buches hast du einen positiven Schritt getan, indem du eine klare Entscheidung getroffen hast, dich zu verbessern.

Vielleicht bist du hart zu dir selbst, weil jemand anders hart zu dir war. Es ist an der Zeit, aufzustehen und gut zu dir selbst zu sein. Später werde ich dir Strategien zeigen, wie du mit unangenehmen negativen Gedanken umgehen kannst. Du wirst lernen, wie du Worte der Selbstzerstörung und einschränkende Gedanken in ermutigende positive Gedanken verwandeln kannst, die langfristiges Wachstum und Veränderung bewirken.

Achte auf deine Reaktionen

Achte ab heute darauf, wie du auf schwierige Situationen reagierst. Wie fühlst du dich in der Nähe von Menschen, von denen du glaubst,

dass sie besser sind als du? Welche Gedanken
gehen dir durch den Kopf, die dein Selbstwertgefühl herabsetzen? Wann fühlst du dich ge-
reizt, wütend, verängstigt oder abgelehnt?

Dies zu bemerken ist ein wichtiger Schritt. Du
musst dir noch nichts ausdenken. Beobachte
einfach, wie du reagierst. Du wirst feststellen,
dass sich ein Muster entwickelt, das du vorher
nicht bemerkt hast.

Reaktionen sind konditionierte Verhaltensweisen, die an die Stelle von gesundem Menschen-
verstand und Weisheit treten. Wenn du jetzt
beginnst, deine Reaktionen zu bemerken,
kannst du bessere Möglichkeiten entwickeln,
mit Situationen umzugehen, die dich früher
verwirrt haben.

Überreagieren oder Reagieren aus Angst ist eine
Bewältigungsstrategie, die wir anwenden, wenn
wir uns machtlos fühlen, mit schwierigen Situationen umzugehen. In den folgenden Kapiteln
werden wir uns einige Techniken ansehen, um
mit unserem reaktiven Zustand umzugehen, sodass wir eine proaktive Haltung entwickeln können, anstatt die Dinge einfach geschehen zu
lassen.

Fokus auf Fortschritt, nicht auf Perfektion

Perfektionismus ist manchmal eine gute Sache. Er kann uns dazu bringen, Großes zu leisten, anstatt uns mit Mittelmäßigkeit zufrieden zu geben. Er kann jedoch auch ein Hindernis sein, das uns daran hindert, in unserem Leben stetig Fortschritte zu machen. Aus Angst, Fehler zu machen, versuchen wir, alles beim ersten Mal perfekt zu machen, um nicht zu versagen. Das führt dazu, dass wir auf der Stelle treten und jede Art von Aktion aufschieben.

Wir haben eine starke Tendenz, Dinge perfekt oder gar nicht zu machen. Lass beim Lesen dieses Materials den Perfektionismus beiseite und konzentriere dich auf den Fortschritt, der dich Schritt für Schritt voranbringt. Fünf gut gemachte Dinge sind besser als eine perfekt gemachte Sache (und perfekt ist sie sowieso nie).

Perfektionismus ist eine Lüge, die dich festhalten wird. Trete also zurück und lasse es ruhig angehen. Gib dir Raum zum Wachsen. Erlaube dir, Fehler zu machen. Ich bin nicht perfekt; du bist nicht perfekt. Aber du kannst vollkommen in Ordnung sein.

Sei unvoreingenommen

In diesem Buch bitte ich dich, den Ideen und Gedanken, die ich mit dir teilen werde, gegenüber aufgeschlossen zu sein. Du musst nicht alles akzeptieren, und nicht alles mag auf dich zutreffen. Aber wenn du das Buch durcharbeitest und dir plötzlich etwas auffällt, könnte das ein Zeichen dafür sein, dass etwas mehr Aufmerksamkeit erfordert.

Konzentriere dich auf die Bereiche in deinem Leben, die angepasst werden müssen. Arbeite daran, das zu ersetzen, was du ersetzen musst, damit du in deinem Leben vorankommen kannst. Denke daran, dass du dir den Lebensstil schaffen kannst, den du dir wünschst. Du bist nicht unzulänglich oder fehlerhaft, wie man dir vielleicht eingeredet hat. Erinnere dich daran, dass du ein außergewöhnliches menschliches Wesen bist und das Beste verdient hast.

Gewöhne dich daran, jeden Morgen mit dir selbst zu sprechen, bevor du das Haus verlässt. Übe dieses stille Gespräch mit dir selbst mehrmals am Tag, um dich zu entspannen. Konzentriere dich darauf, die Stimmen in deinem Kopf zum Schweigen zu bringen, die sinnlos umherschwirren. Wenn du einen offenen Geist bewahrst, wirst du dich entspannter und konzentrierter fühlen, was dir helfen wird, mit alltäglichen Situationen umzugehen, die du als schwierig empfindest.

Gib dir Zeit zum Heilen

Ich möchte nicht, dass du von diesem Prozess überwältigt wirst. Persönliches Wachstum ist ein fortlaufender Prozess. Dein Erfolg erfordert eine Reihe von kleinen Schritten über einen bestimmten Zeitraum hinweg. Es kommt nicht auf die Größe des Sprungs an, sondern auf die Anzahl der Schritte, die du auf dem Weg dorthin machst. Es gibt keine Eile. Stetige Beharrlichkeit ist der Schlüssel.

Das ist wichtig, denn wenn du so bist wie ich, wirst du bald aufgeben, wie ich es in der Vergangenheit oft getan habe. Ich habe etwas angefangen und erwartet, dass ich in einer Woche erstaunliche Ergebnisse sehen würde. Aber als ich nicht völlig verwandelt war, habe ich aufgegeben. Ich begann, nach der nächsten schnellen Lösung zu suchen. Das führte mich zurück zu meinen alten selbstzerstörerischen Verhaltensweisen, die kurzfristig funktionierten, weil sie zuverlässig waren.

Denke daran, dass es keine schnellen Lösungen gibt. Indem du jeden Tag ein wenig unternimmst, wirst du ein starkes Reservoir an Selbstvertrauen, Selbstwertgefühl und Disziplin aufbauen. Lass es langsam angehen und gib dir selbst Raum zum Entdecken.

Visualisiere dein neues Ergebnis

Denke darüber nach, was du mit deinem Leben anfangen willst. Stelle dir vor, wie du Ablehnung und Minderwertigkeitsgefühle überwindest. Stelle dir vor, wie du das tust, sein und haben kannst, wovon du früher nur geträumt hast. Du kannst jetzt damit beginnen. Konzentriere dich und schaue, wo du heute stehst.

Wenn es dir emotional schlecht geht, dann ist das eben so. Das ist in Ordnung. Jeder muss irgendwo anfangen. Wir müssen nicht auf einen perfekten Moment oder die richtigen Umstände warten, um anzufangen; fang einfach da an, wo du bist. Die Reise, die vor dir liegt, entfaltet sich, wie es sein muss.

Lao Tzu sagte: *"Eine Reise von 1.000 Meilen beginnt mit einem einzigen Schritt."*

Ich möchte, dass du von nun an jeden Tag als den nächsten Schritt betrachtest und dich auf das Ziel konzentrierst, auf das du zusteuerst.

Schau nicht zurück und wünsche dir, dass die Dinge anders wären. Sie werden nie anders sein. Du kannst beginnen, die Situation anders zu betrachten. Betrachte jeden Tag als einen neuen Anfang voller Möglichkeiten. Was gestern oder vor zehn Jahren geschehen ist, gehört der Vergangenheit an. Das heißt nicht, dass du so tun solltest, als sei nichts geschehen, aber du solltest wissen, dass du nicht der Einzige bist, dessen Vergangenheit nicht perfekt war. Was du heute tust, ist das, was zählt.

Stell dir das Leben vor, das du dir immer gewünscht hast, und nicht das, in dem du dich festgefahren fühlst. Stell dir vor, dass du das Beste tust, sein und leben kannst, was du kannst. Denke gründlich über die Richtung nach, in die du jetzt gehst. Stell dir vor, wo du in zwei, fünf und zehn Jahren sein könntest, wenn du dir einen Aktionsplan vornimmst.

Die Realität, die du dir vorstellen kannst, ist das Leben, das du haben kannst, wenn du es wirklich willst.

Du kannst jetzt deinen eigenen Weg wählen. Du kannst aufstehen und Nein sagen. Du kannst deine eigenen Maßstäbe für dein Leben setzen, anstatt dir selbst Beschränkungen aufzuerlegen, die man dir auferlegt hat.

Lass dein Leben nicht länger auf Eis; es ist an der Zeit, dein Denken, Fühlen und Handeln grundlegend zu ändern.

Hindernisse überwinden: Eine 4-Schritte-Formel

Hindernisse sind Barrieren, die zwischen dir und der Verwirklichung deiner Träume stehen. Um von dem Ort, an dem du dich heute befindest, dorthin zu gelangen, wo du in nicht allzu ferner Zukunft sein willst, musst du dich auf dem Weg dorthin den herausfordernden Hindernissen des Lebens stellen.

Die meisten dieser Hindernisse können mit ein paar einfachen Strategien überwunden werden. Schwierigere Herausforderungen erfordern einen fortgeschritteneren Ansatz. Dies kann eine Veränderung deiner persönlichen Werte, die Annahme neuer Überzeugungen oder die Entwicklung einer tieferen Ebene von Weisheit und Achtsamkeit beinhalten.

In manchen Fällen ist eine Therapie erforderlich, um Probleme zu lösen, die dich daran hindern, deine Ziele zu erreichen. Wenn du es mit der Verwirklichung deiner Träume ernst meinst und bereit bist, alles dafür zu tun, wirst du Schwierigkeiten erleben, die deinen Mut und dein

Selbstvertrauen herausfordern, deine Überzeugungen infrage stellen und dich mit ungelösten Traumata konfrontieren. An diesem Ort der Angst und Ungewissheit wirst du dich dem furchterregendsten Hindernis von allen stellen müssen: dir selbst.

Du musst dich darauf vorbereiten, die Probleme anzugehen und zu überwinden, die dir den direkten Weg in die Freiheit versperren. Nur wenn du dich den Hindernissen stellst, kannst du vorankommen. Leider hören viele Menschen auf, sobald sie auf die erste Mauer stoßen und erkennen, dass es keine schnelle Lösung für ihre Probleme gibt.

Ein Hindernis versperrt dir den Weg und scheint unüberwindbar zu sein. Solange du keinen Weg findest, diese Hürde zu überwinden, wirst du immer wieder vor Herausforderungen stehen, die größer zu sein scheinen als du. Wenn du dich an diesem Scheideweg befindest, denke daran, dass kein Problem oder keine Schwierigkeit zu komplex ist, um gelöst zu werden.

Dein Erfolg in jeder Situation wird an deiner Fähigkeit gemessen, Probleme zu bewältigen. Wenn es eine Möglichkeit gibt, die Auseinandersetzung mit dem Problem zu vermeiden, besteht dein erster Instinkt vielleicht darin, es zu ignorieren, es zu begraben oder zu versuchen, es an jemand anderen weiterzugeben.

Wie auch immer, du versuchst nur, dich selbst zu besiegen. Was du nicht angehst, bleibt ungelöst. Selbst wenn es von jemand anderem gelöst wird, wird es dir nicht helfen zu wachsen. Du musst dich um dein eigenes Unkraut im Garten kümmern. Es ist immer noch dein Unkraut, auch wenn jemand anderes es ausreißt.

Wenn du den Schwarzen Peter jemand anderem zuschiebest, anstatt dich wirklich um eine Lösung der Situation zu bemühen, entmachtet du dich letztlich selbst. Du tust der anderen Person einen Gefallen, indem du ihr die Möglichkeit gibst, das Problem zu lösen, das du weitergegeben hast. Es ist nichts Falsches daran, um Hilfe zu bitten, aber sei entschlossen, deine eigenen Probleme zu überwinden.

Die Hindernisse des Lebens sind eine Gelegenheit, dich selbst zu stärken und selbstbewusster zu werden, indem du deine eigenen Grenzen überwindest. Eines der größten Merkmale erfolgreicher Menschen ist ihre Fähigkeit, die Schwierigkeiten des Lebens zu überwinden und die Hindernisse zu beseitigen, die sie aufzuhalten drohen. Erfolgreiche Menschen stellen sich den Herausforderungen, die ihre Ziele und Träume bedrohen.

Externe und interne Hindernisse

Ich habe Hindernisse in zwei Kategorien eingeteilt: externe und interne. Wir schaffen die Umstände in unserem Leben größtenteils durch unsere Gefühle, Gedanken, Handlungen, Interaktionen mit Menschen und die Qualität unserer Beziehungen.

Die Probleme, die wir durch unseren direkten Einfluss verursachen, werden als interne Hindernisse bezeichnet. Die andere Gruppe von Hindernissen ist extern und hat in den meisten Fällen nichts mit uns direkt zu tun. Allerdings können wir mit solchen Hindernissen verbunden sein, nicht aus freien Stücken, sondern aus der Pflicht oder Verantwortung heraus, nach Lösungen zu suchen.

Externe Hindernisse

Externe Hindernisse sind die unvorhersehbaren Ereignisse, die auf dich zukommen, wenn du sie am wenigsten erwartest. Sie entstehen durch Situationen, Umstände und Naturereignisse, auf die du keinen Einfluss hast.

Ganz gleich, ob es sich um eine globale Krise handelt, die am anderen Ende der Welt beginnt, oder um ein krankes Familienmitglied, das deine sofortige Aufmerksamkeit benötigt: Externe Hindernisse fordern deine Fähigkeit heraus, mit einer Situation umzugehen, die nicht ausschließlich von dir verursacht wurde.

Es gibt sehr wenig, was du tun kannst, um diese Dinge zu verhindern. Du kannst jedoch alles in deiner Macht Stehende tun, um die Umstände günstiger zu gestalten. Das könnte bedeuten, dass du dich an jemanden wendest, der deine Hilfe wirklich braucht. Oder es könnte bedeuten, dass du in eine Situation hineingezogen wirst, entweder am Arbeitsplatz oder zu Hause, in der es ein Problem gibt und von dir erwartet wird, dass du ein erfolgreiches Ergebnis für andere Parteien lieferst.

Auch wenn du ein bestimmtes Problem nicht verursacht hast, kannst du doch Teil der Lösung sein. Wenn eine Situation auftaucht, die du nicht selbst verursacht hast, solltest du nicht mit Angst reagieren oder sagen: „Das ist nicht mein Problem", sondern dich darauf einstellen, eine andere Herangehensweise zu wählen. Betrachte es als eine wertvolle Gelegenheit, aufzustehen und die Verantwortung zu übernehmen.

Wenn du Angst vor dem Problem hast, erlaube dir, diese Angst zu spüren. Handle direkt angesichts dessen, was dir Angst macht. Deine ängstlichen Gefühle müssen dein Handeln nicht kontrollieren. Du kannst deine Gefühle kontrollieren, indem du Maßnahmen ergreifst.

Du kannst auf jede Situation reagieren. Wenn du dich dafür entscheidest, ein bestimmtes Problem zu ignorieren, wird es weiterbestehen. Der beste Zeitpunkt, um zu entscheiden, wie man mit einem Hindernis umgeht, ist, wenn es zwischen dir und all deinen Hoffnungen und Träumen steht. Vielleicht findest du dich in einer Situation wieder, in der du gebeten wirst, eine Lösung für ein Problem zu finden, und andere bitten dich um Rat.

Ganz gleich, ob es sich um ein Problem in deinem Unternehmen, zu Hause oder in einer persönlichen Beziehung handelt, stelle dir immer die folgenden Fragen:

Was kann ich in dieser Situation tun?

Wie kann ich etwas bewirken?

Was könnte ich jetzt tun, was alle anderen vermeiden?

Diese Fragen schaffen ein höheres Maß an persönlicher Befähigung, da du beginnst, über mögliche Lösungen nachzudenken.

Wenn du nach Lösungen für Hindernisse suchst, die dich festhalten, ermächtigst du dich selbst. Wenn du dich darauf verlässt, dass jemand anderes die Antworten findet, gibst du ihm die Macht dazu. Wenn du gemeinsam an der Überwindung eines Hindernisses arbeitest, stärkst du euch gegenseitig.

Du kannst neue Methoden und Lösungen entwickeln, um mit diesen Hindernissen umzugehen, wenn sie auftauchen und sich dir in den Weg stellen. Zu den externen Hindernissen gehören Dinge wie die Entscheidungen anderer und deren Auswirkungen auf dich, die Weltwirtschaftskrise, Krieg, Naturkatastrophen und Krankheit.

Du hast die Wahl, wie du mit der Situation umgehst. Wirst du zulassen, dass sie sich negativ auf dich auswirkt und dir Tag für Tag deine Energie raubt, während die Umstände der Welt deine Zukunft bestimmen? Oder wirst du etwas unternehmen, um eine Lösung zu finden und das Beste aus der Situation zu machen?

Du hast immer die Wahl, in jeder Situation etwas zu tun. Übernehme die Führung, wenn du musst, und trete zurück, um andere mit der Krise fertig werden zu lassen, wenn das das Beste ist. Solange du dir des Unterschieds bewusst bist, kannst du dich für eine der beiden Möglichkeiten entscheiden.

Interne Hindernisse

Interne Hindernisse sind Probleme oder Bedingungen, die durch deine direkte Beteiligung entstanden sind. Es kann sich um eine Situation handeln, die durch eine ungelöste Frage, eine schwierige Beziehung oder eine Krise im Zusammenhang mit der Arbeit entstanden ist.

Diese Hindernisse können sehr bedrohlich sein, weil wir mit ihnen persönliche emotionale Bindungen verbinden. Bei externen Hindernissen ist es viel einfacher, wenn du dir eingestehst, dass du nichts mit der Entstehung der Situation zu tun hast. Aber persönliche Hindernisse sind emotionaler und eng mit deinen Gefühlen von Ablehnung und Versagen verbunden.

Wir alle sind mit unzähligen internen Hindernissen konfrontiert. Viele dieser Hindernisse sind klein und harmlos, sodass sie unbemerkt bleiben. Andere Hindernisse können jedoch unser Leben beherrschen. Wenn sie nicht kontrolliert oder beseitigt werden, können sie uns unglücklich machen. Diese selbstzerstörerischen Verhaltensweisen wachsen von innen heraus und drohen, dich zu zerstören. Sie schaden dir geistig und beeinträchtigen dein Selbstvertrauen und deine Fähigkeit, proaktiv zu handeln.

Wenn man ihnen nicht entgegentritt, wirken sie wie langsames Gift. Wenn dies geschieht, werden wir kraftlos, töricht und müde. In unserem Bemühen, den Schmerz und das Leid zu vermeiden, die durch die Hindernisse verursacht werden, die durch unser selbstzerstörerisches Verhalten entstanden sind, wenden wir uns vielleicht anderen Methoden der Flucht zu – Drogen, Alkohol, exzessives Einkaufen – um das durch diesen inneren Feind verursachte Leid zu lindern. Zu den internen Hindernissen gehören Dinge wie Süchte, Trauer, Traumata, negatives Denken und vieles mehr.

Die versteckten Hindernisse sind am schwierigsten zu überwinden. Unser größter Feind ist in uns selbst und bleibt schwer fassbar, bis wir energische Maßnahmen ergreifen.

Wenn du dich deinen größten Ängsten gestellt hast, hast du den ersten Schritt zum Sieg getan. Der Würgegriff, den diese Probleme auf dein Leben ausüben, wird besiegt, und der Weg zu einer neuen Lebensweise wird vor dir erscheinen. Dies ist dein Weg in die Freiheit. Wenn du dich deiner größten Prüfung mit Mut und Glauben stellst, bist du frei, diesen Weg zu gehen.

Sich seinen Ängsten und persönlichen Dämonen zu stellen, gibt dir große Kraft. Wenn du dich weigerst, dich besiegen zu lassen, werden die Ketten, die dich binden, zerbrochen.

Ob du nun eine Sucht oder eine negative Denkweise hast, die Macht, diese Verhaltensweisen zu ändern, liegt bei dir. Letztendlich bist du nur so schwach, wie du glaubst, dass du es bist.

Hindernisse haben einen fünffachen Zweck

Ein Hindernis ist keine Straßensperre, sondern ein notwendiges Element, das einen Zweck erfüllt. Hindernisse helfen uns zu wachsen. Wir neigen dazu zu denken, dass Probleme uns daran hindern, voranzukommen. Stattdessen entsteht das größte Wachstum durch die Entwicklung von Lösungen zur Überwindung von Herausforderungen.

Hier sind fünf Gründe, warum Hindernisse wichtig sind und warum wir sie als Hilfsmittel für unser Wachstum nutzen sollten:

1. Hindernisse tragen zu Wachstum und Entwicklung bei.

Entwickle die Einstellung, dass jede schwierige Situation eine Chance ist, stärker zu werden. Schaffe ein tieferes Bewusstsein dafür, warum dieses spezielle Problem in dein Leben getreten ist.

Es ist wichtig, anzuerkennen, dass es Hindernisse gibt, damit wir uns entwickeln und Fortschritte machen können. Das stärkt den Charakter, erhöht den Mut und gibt uns ein tieferes Gefühl der Zufriedenheit, wenn wir eine schwierige Phase erfolgreich gemeistert haben.

2. Hindernisse dienen dazu, Selbstvertrauen und Selbstwertgefühl aufzubauen.

Wir empfinden ein tiefes Gefühl der Erfüllung, wenn wir Herausforderungen meistern. Das schafft Vertrauen und stärkt den Glauben, dass nichts unmöglich ist. Anstatt sich machtlos zu fühlen, wird man gestärkt und entwickelt einen starken Charakter.

Mit jedem Sieg wächst dein Selbstvertrauen, und du verlierst die Angst vor der Zukunft. Denk daran, dass die meisten Menschen scheitern, weil sie nicht an sich selbst glauben, und nicht, weil es ihnen an Fähigkeiten mangelt.

3. Die Bewältigung neuer Herausforderungen erweitert deine Möglichkeiten.

Du kannst nur dann ein Meister der Problemlösung werden, wenn du dich den Widrigkeiten und den Dingen im Leben stellst, die deinen Idealen oder deinem eingeschlagenen Weg zuwiderlaufen. Deine größte Herausforderung ist der Umgang mit schwierigen Menschen oder unangenehmen Situationen.

Diese Herausforderungen geben dir die Möglichkeit, heute etwas zu werden, was du gestern noch nicht warst, und Lösungen zu finden. Dein größter Sieg liegt darin, dich deinen tiefsten Ängsten zu stellen.

4. Die Überwindung von Hindernissen bringt uns mit unserem Lebensziel in Einklang.

Der Umgang mit Hindernissen richtet uns auf das aus, was in unserem Leben wichtig ist. Was wie ein Hindernis aussieht, ist in Wirklichkeit ein Mittel, um den Fokus zu schärfen und uns auf den Weg zurückzubringen, der zur Erfüllung führt. Stelle dich den Herausforderungen, suche nach Lösungen, und wenn du die gesuchten Antworten nicht sofort findest, nimm dir die Zeit, andere mögliche Lösungen zu erkunden.

Wäge deine Entscheidungen sorgfältig ab. Mache ein Brainstorming der Optionen. Meditiere und konzentriere dich auf das, was dich an diesen Punkt gebracht hat. Betrachte jede Herausforderung als ein Sprungbrett zu einer neuen Bewusstseinsebene, die dich deinem Ziel näher bringt und es dir ermöglicht, auf dem richtigen Weg zu bleiben.

Sobald du ein Hindernis effektiv beseitigt hast, wird es zu einem Teil deines Lebens. Man wirft es nicht einfach weg und vergisst es. Stattdessen baust du eine Beziehung zu jedem Sieg auf. Die Hindernisse in deinem Leben haben einen Zweck, und wenn du dich ihnen gestellt und die Situation erfolgreich bewältigt hast, wird der Zweck deines Lebens klarer.

5. Hindernisse sind deine größten Lehrmeister.

Hindernisse sind nicht notwendigerweise Hindernisse, die zum Scheitern führen sollen. Allerdings ist deine Wahrnehmung eines bedeutenden Problems oder Unglücks oft desillusioniert. Das Hindernis, das sich dir in den Weg stellt, dient als dein größter Lehrmeister.

Die tiefsten Lektionen des Lebens lernt man, indem man sich den Situationen stellt, die einen herausfordern, und diese gegensätzlichen Kräfte überwindet. Denk daran: Je größer die Herausforderung, desto größer die Belohnung und desto wertvoller die Lektion.

Vor der Dreißig-Fuß-Mauer

Wenn wir mit einer Situation konfrontiert werden, von der wir nicht wissen, wie sie zu bewältigen ist, reagieren wir instinktiv mit negativem

Widerstand. Wir nähern uns der Lösung aus einem Gefühl der Ohnmacht heraus. Du sagst vielleicht Dinge wie: "Das ist nicht mein Problem! Ich habe nichts damit zu tun!" oder beschwerst dich über die Situation und denkst dir Gründe aus, warum es passiert ist, wie es hätte vermieden werden können und wer die Schuld trägt.

Sich zu beschweren ist immer eine völlige Verschwendung von Ressourcen. Es verschlimmert das Problem nur und bringt nichts ein.

Sich über etwas oder jemanden zu beschweren, macht die Situation nur noch unerträglicher – sowohl für den Beschwerdeführer als auch für die Menschen, die ihn hören. Du denkst vielleicht, dass du dir etwas von der Seele redest oder deiner Frustration über einen bestimmten Vorfall Luft machst, aber wenn du dir genau ansiehst, wie du dich danach fühlst, wirst du wahrscheinlich feststellen, dass du dich noch gestresster und wütender fühlst. Nichts wird gelöst worden sein. Nur negative Emotionen sind freigesetzt worden.

Viele der Arten, wie wir mit Problemen umgehen, beruhen auf unseren Erfahrungen, Traumata und alten Methoden, die unsere einschränkenden Überzeugungen unterstützen. Wenn wir nicht wissen, was wir tun sollen, reagieren wir auf der Grundlage alter Methoden, die nicht mehr funktionieren. Wir neigen dazu, auf unsere alten Muster zurückzugreifen, vor allem wenn es um die Lösung von Problemen geht, um mit unseren eigenen Ängsten und Unsicherheiten umzugehen. Wir wehren uns gegen das Problem, bis es zum Problem eines anderen wird oder unter all den Lügen begraben ist, die wir uns selbst einreden.

Eines der ersten Dinge, zu denen wir neigen, ist, das Problem mit einer negativen Einstellung zu versehen. Wenn es sich um eine Person handelt, denken wir uns schädliche Etiketten für sie aus. Wenn wir etwas mit einem Etikett versehen, schieben wir die Schuld auf eine Person oder eine Situation. Das Etikettieren entmachtet jedoch nicht nur die Person, die etikettiert wird, es entmachtet auch dich.

Wenn eine schwierige Situation auftritt, vermeide das Spiel mit den Etiketten. Die erste Reaktion vieler Menschen ist, das Problem zu benennen und wegzugehen. Sie distanzieren sich von dem Hindernis, als wollten sie sagen:

"So, darum habe ich mich gerade gekümmert. Und jetzt?"

Wenn du mit einer Herausforderung konfrontiert wirst, konzentriere dich darauf, deine ersten Reaktionen auf das Problem zu kontrollieren. Anstatt zum Telefon zu greifen und dich zu beschweren, denke an effektive Lösungen, die du ausprobieren kannst, um die Situation zu verbessern. Anstatt negativ zu reagieren und zu sagen, dass es keine Lösung gibt, solltest du zunächst genau herausfinden, worin die Schwierigkeit besteht, und dann in Gedanken die Lösungen durchgehen, um zu einer Schlussfolgerung zu gelangen.

Versuche, für alles eine Lösung zu finden. Nimm dir Zeit, die Dinge zu durchdenken. Mache ein Brainstorming und sprich positiv mit den Menschen, anstatt sie zu beschimpfen oder zu beklatschen. Das ist "Hindernisvermeidung", und es ist der unproduktivste Ansatz, den du wählen kannst.

Sieh jedes Problem als eine Gelegenheit, dein Wachstum zu erweitern. Höre auf das, was deine Gefühle dir sagen, nicht auf deinen Verstand. Der Verstand ist voller Ego und arbeitet selten an einer Lösung, wenn er sich selbst überlassen wird. Wenn du in jeder Situation deinem Herzen folgst, wird sich alles zum Besten wenden.

Die Formel: Ein vierstufiger Prozess

Es gibt eine wirksame Formel oder ein Verfahren, das auf fast jede schwierige Situation oder Herausforderung angewendet werden kann, mit der du konfrontiert bist. Wenn du mit einem Problem konfrontiert bist, das zu groß erscheint, um es zu bewältigen, kannst du einen Weg finden, es zu überwinden, indem du den folgenden vierstufigen Prozess anwendest.

1. Identifiziere das Hindernis.

Beschreibe das Hindernis in einem Satz. Möchtest du ein Haus kaufen, hast aber nicht genug Geld? Musst du mit deinem Chef über ein Problem bei der Arbeit sprechen? Hat dein Sohn oder deine Tochter ein Problem in der Schule und braucht deine Hilfe? Arbeitest du an einem Projekt, das das Budget überschreitet und hinter dem Zeitplan zurückbleibt?

Wie auch immer die Situation aussieht, der erste Schritt auf dem Weg zu einer Lösung besteht darin, sie zu erkennen. Bringe sie zu Papier, damit es real wird. Behalte sie nicht in deinem

Kopf und versuche nicht, es allein herauszufinden. Das ist der ungünstigste Ort, um ein Problem zu lösen. Sobald du das Problem mit absoluter Klarheit erkannt hast, kannst du es angehen.

2. Erstelle eine Mindmap mit möglichen Lösungen.

Jetzt, da du das Hindernis klar definiert hast, ist es einfacher, Ideen für die Maßnahmen zu entwickeln, die du ergreifen kannst. Der zweite Schritt besteht darin, einen "Ideenbaum" oder eine Mindmap mit möglichen Lösungen zu erstellen. Indem du deine Ideen zu Papier bringst, kannst du die Lösung zur Überwindung deiner Hindernisse klarer erkennen.

Menschen bleiben oft stecken, wenn sie diese Ideen nur im Kopf behalten. Der Verstand hat die Angewohnheit, sich an ein Problem zu klammern und es zu vergrößern, indem er sich auf das Problem statt auf den Ausweg konzentriert.

Du kannst nun so viele mögliche Lösungen in Punktform aufschreiben, wie dir einfallen.

3. Wähle die beste aus.

Wähle dann aus der Liste der Möglichkeiten die beste aus. Schreibe die beste Lösung auf und arbeite darauf hin, sofort zu handeln. Das Hindernis kann mehr als eine Lösung erfordern.

In diesem Fall kannst du die Optionen in der Reihenfolge ihrer Wichtigkeit ordnen. Kümmere dich sofort um die erste Option, und wenn du sie erledigt hast, gehe zur nächsten möglichen Lösung auf deiner Liste über. Gehe die Liste so lange durch, bis du das Problem erfolgreich gelöst hast.

4. Verfolge das Ergebnis.

Nachdem du die Formel auf deine Situation angewandt hast, wirst du möglicherweise nicht sofort ein Ergebnis sehen. Es kann einige Zeit dauern, bis deine Lösungen Wirkung zeigen. Der letzte Schritt besteht darin, die Ergebnisse weiter zu verfolgen.

Hast du das gewünschte Ergebnis erzielt? Hast du ein anderes Ergebnis erzielt als erwartet? Wenn du nicht das erhalten hast, was du dir erhofft hast, wende andere Lösungen an. Nur weil etwas beim ersten Mal nicht geklappt hat, bedeutet das nicht, dass die Situation hoffnungslos ist. Für jedes Hindernis, dem du gegenüberstehst, gibt es einen Weg, es zu überwinden.

Aktionsplan

1. Welche Hindernisse halten dich im Moment zurück? Hast du einen Plan, wie du sie überwinden kannst? Wende die obige Formel an, um Lösungen zu entwickeln.

2. Jeder hat mindestens ein selbstschädigendes Verhalten, das ihn herausfordert. Schreibe dein selbstschädigendes Verhalten und die Schritte auf, die du unternehmen willst, um dieses Verhalten zu überwinden.

3. Erstelle eine Mindmap mit Lösungen für dieses Szenario und setze deine Ideen in die Tat um.

4. Schreibe als Nächstes ein internes Hindernis auf, mit dem du derzeit konfrontiert bist. Denke anschließend über dieses Hindernis nach und überlege dir Lösungen.

Schreibe über ein externes Hindernis, dem du dich stellen musstest. Konntest du es erfolgreich bewältigen? Wenn ja, wie hast du es geschafft? Wenn nicht, was hättest du anders gemacht?

Was es braucht, um zu gewinnen (und dein größtes Geschenk zu meistern)

Du wirst nicht mit Gaben geboren. Du entwickelst deine Gaben in diesem Leben und baust das Talent auf, das du brauchst, um deine Gaben in Träume zu verwandeln.

Bei Talent geht es nicht darum, der Beste oder der Klügste im Raum zu sein oder der Glücklichste, der zur richtigen Zeit am richtigen Ort ist. Die Definition eines besseren Talents - oder eines Genies - ist die Person, die die extra Meile geht, die extra Übung im Fitnessstudio macht, die extra Meile läuft, wenn alle anderen die Ziellinie überquert haben.

Michael Jordan war einer der größten Basketballspieler in der NBA. Viele sagen, er war begabt und talentiert. Aber das macht ihn nicht zum Besten. Er war auch der erste auf dem Platz und der letzte, der ihn verließ. Es gibt ein Risiko, wenn man in dem, was man tut, großartig wird, aber es ist nicht das, was du denkst. Das Risiko besteht darin, NEIN zu den Erwartungen zu sagen, die man uns auferlegt.

Wenn du einen 9-5 Job hast, bedeutet das, dass du nur 9-5 arbeiten kannst? Wenn du 40.000 Euro im Jahr verdienst, heißt das, dass du nur diesen Betrag verdienen kannst? Wenn man dir sagt: "Du wirst es nie zu etwas bringen", heißt das, dass du das glauben musst?

Wenn du dich dazu verpflichtest, mehr zu leisten, als die Welt von dir erwartet, entwickelst du ein natürliches Talent, besser zu sein, weil du mehr tust, besser wirst und die Chancen zu deinen Gunsten erhöhst.

Niemand wird mit Glück "geboren". Ja, viele werden mit mehr geboren, und noch viel mehr werden mit viel weniger geboren. Aber die Umstände bestimmen nicht deine Zukunft oder begrenzen, was du erreichen kannst.

Man kann sich immer die Umstände und Gelegenheiten schaffen, die man sich wünscht. Wenn jemand im Leben einen "Glücksfall" hat, möchte ich wissen, was diese Person getan hat, um diese Gelegenheit überhaupt erst zu schaffen.

Gib niemals auf, wenn der Weg schwierig wird. Gerade im Moment des Schmerzes beginnst du zu wachsen.

Muhammad Ali sagte einmal: "Ich fange an, die Sit-ups zu zählen, wenn sie anfangen, weh zu tun."

Anstatt an deine Grenzen zu gehen, gehst du über die Grenzen deines Verstandes hinaus. Wenn du dein Leben nach einer Reihe von Parametern lebst, die besagen: "Ich mache immer (XX) Stunden oder Wiederholungen", dann hält dich nichts davon ab, noch eine oder noch eine Wiederholung zu machen oder zehn Anrufe mehr zu tätigen als alle anderen auf der Etage.

Du hast die Macht, deine eigenen Grenzen zu setzen, und wenn du an deine Grenzen glaubst, gehören sie dir. Strebe nach dem Unbegrenzten und du wirst das Unvorstellbare erreichen.

Wenn dir jemand sagt: "Es ist unmöglich", hat er immer recht. Aber für ihn ist es unmöglich, nicht für dich.

Die meisten Menschen geben ihre Träume zu früh auf. Sie bemühen sich ein paar Jahre lang, und wenn sie keinen Erfolg haben, fallen sie in vorhersehbare Handlungen zurück.

Vorhersehbare Ergebnisse sind bequem. Wir scheitern nicht wie Versager, weil wir die hohen Erwartungen loslassen. Es gibt weniger Druck. Kein Stress. Aber der Stress und der Druck kommen später, wenn du merkst, dass du dich dem Ende deines Lebens näherst und nur noch wenig Erfüllung findest.

Die Leute werden dir sagen, du sollst "es ruhig angehen lassen" oder "dich nicht so anstrengen". Es ist nicht so, dass es ihnen egal wäre, aber sie wollen nicht sehen, wie du dich abmühst. Aber Freunde, der Erfolg liegt im Kampf. Du kannst dich jetzt anstrengen, oder du kannst dich später anstrengen.

Wenn man das tut, was erwartet wird, fühlen sich manche Menschen weniger bedroht oder eingeschüchtert. Du wirst anders behandelt, wenn du mehr tust und besser bist als die anderen, indem du die Grenzen durchbrichst, die dich zurückhalten. Wenn vor dir eine Mauer steht, die sagt: "Hier sind Grenzen zu durchbrechen", dann möchte ich, dass du in deinem Kopf einen Vorschlaghammer nimmst und diese Mauer niederreißt.

Deine Gedanken und Überzeugungen sind der geistige Vorschlaghammer. Sie sind die Waffen deines Geistes. Zu viele Menschen vergessen, dass sie jetzt die Werkzeuge haben, um all diese mentalen Blockaden zu durchbrechen. Aber sie haben Angst, den Hammer in die Hand zu nehmen und sich an die Arbeit zu machen.

Du brauchst keine Erlaubnis. Du wurdest großartig geboren; jetzt musst du deine Größe maximieren und herausfinden, wie weit du wirklich gehen kannst. Werde hungrig und besessen von dem Bedürfnis zu wissen, was auf der anderen Seite dieser Angst liegt.

Du weißt, was auf dieser Seite ist; was auf der anderen Seite des Flusses auf dich wartet, ist in Nebel gehüllt, den du nicht sehen kannst. Der einzige Weg, das herauszufinden, ist, die reißenden Stromschnellen zu überqueren und auf die andere Seite zu gelangen.

Bist du bereit, alles zu tun, was nötig ist, um dieses Ziel zu erreichen? Bist du hungrig genug, um zu wissen, wie weit du in den nächsten zwanzig Jahren kommen kannst?

Zerschlage die einschränkende Denkweise und ersetze sie durch eine grenzenlose Denkweise. Zerstöre deine begrenzenden Überzeugungen und ersetze sie durch Überzeugungen von grenzenlosen Zielen und Träumen.

Wie machst du das?

Stell dir das Leben vor, das du führen wirst, wenn du alles tust, was nötig ist, um dieses Ziel zu erreichen. Eine Wiederholung mehr am Tag zu machen, fünf Euro zu sparen, anstatt sie auszugeben, früher als alle anderen zu erscheinen und fünf Minuten später zu bleiben, ist der Unterschied, der eine enorme Dynamik erzeugt.

Dein untrainierter Verstand wird sich mit dem "gut genug" zufrieden geben, wenn der Prozess anfängt, weh zu tun. Dann tust du noch etwas. Du schiebst deinen Schmerz ein wenig beiseite. Lass es noch eine Sekunde lang wehtun, noch eine Meile, noch ein Telefonat.

Um die Dinge zu erreichen, die du schon immer wolltest, musst du bereit sein, das zu tun, was die anderen nicht tun wollen. Diese Einstellung und Mentalitätsänderung ist der Unterschied, der Champions ausmacht.

Die Champion-Mentalität ist eine Gewinner-Mentalität. Du bist der Champion in der Arena deines eigenen Lebens. Der Unterschied zwischen dem Weg von hier nach dort ist der Aufwand, den du betreibst, um dorthin zu gelangen.

Tust du gerade genug, um zurechtzukommen, oder bist du bereit, alles zu tun, was nötig ist?

"Begabung" oder "Multitalent" ist das Ergebnis bewussten Handelns, das von einer zielgerichteten Denkweise getragen wird. Es geht nicht darum, härter zu arbeiten um des Arbeitens willen oder mehr Zeit zu investieren, weil der Vorgesetzte sagt: "Wir werden heute 30 Minuten mehr arbeiten."

Es ist deine bewusste Entscheidung, die Extrameile zu gehen. Du tust dein Bestes ohne Aufforderung oder das Versprechen einer Belohnung für "Durchhalten". Das, das verspreche ich dir, ist der Schlüssel, der den Unterschied macht.

Es geht nicht darum, besser zu werden als alle anderen, die Konkurrenz zu schlagen oder es für Geld oder Ruhm zu tun. Es geht darum, besser zu werden, als man am Tag zuvor war. Es geht darum, die Person zu besiegen, die du schon immer warst, damit du die großartigste Version deiner selbst werden kannst, die du einst für unmöglich gehalten hast.

Mehr zu sein und mehr zu tun ist besser. Aber nicht mehr Dinge zu kaufen und mehr Zeit mit wertlosen Aktivitäten zu verschwenden, die nichts bringen. Du weißt, was das ist.

Das Ziel ist es, massives Wachstum zu erreichen, indem man sich auf Wachstum konzentriert und eine Wachstumsmentalität entwickelt. Man wächst exponentiell, indem man die Grenzen überschreitet, die von einer Welt gesetzt werden, die von Grenzen und Systemen besessen ist, die einen gefangen halten sollen.

Du kannst die äußeren Umstände nicht immer ändern, aber du kannst deine eigenen Entscheidungen direkt beeinflussen.

Wenn dir jemand sagt, du sollst aufhören, dich so anzustrengen, weil du dich abnutzen könntest, entscheidest du dich, ob du nachgibst oder die Extrameile gehst. Wenn du für einen Arbeitgeber arbeitest, der dir 40.000 Euro im Jahr zahlt, und der dir sagt: "So viel ist deine Zeit (und 261 Tage im Jahr) wert", dann gründe ein Nebengeschäft, um dein Einkommen in diesem Jahr zu verdoppeln.

Wenn du hörst, dass deine Freunde dich am Samstagabend wieder einladen, um etwas zu trinken und das Wochenende zu feiern, entscheidest du, ob du dich ihnen anschließt oder allein zu Hause bleibst und an deiner Leidenschaft arbeitest.

Mach einen mehr. Mach zehn weitere. Maximum Momentum wird in deine Denkweise eingebaut und ist der Treibstoff, der dich deinen Zielen näher bringt.

Wenn du dies tust, brauchst du keine vertrauensbildenden Strategien. Das ist der Weg zu unermüdlichem Vertrauen. Kumuliere die Zeit, die du investiert hast, und in den kommenden Monaten und Jahren wirst du die 100-fache Eigendynamik haben. Setze diesen Weg fort, und in fünf Jahren wird dein Schwung wie ein Tsunami sein, der als kleine Welle begann, bis er 100 Meter hoch und unaufhaltsam wird.

Ich werde dir meine Definition von Schmerz geben: Wenn ich in 20, 30 oder 50 Jahren am Ende meines Lebens stehe und feststelle, dass ich nicht alles getan habe, was ich hätte tun können, um zu gewinnen. Ich habe getan, was von mir erwartet wurde, und alles, was ich angesammelt habe, ist das Ergebnis der Erfüllung dieser Erwartungen.

Deine Lebenserfüllung wird immer daran gemessen werden, wie viel Energie und Intensität du in das steckst, was du gerne tust. Das bedeutet nicht, dass du es immer genießen wirst, aber die harten Tage sind die, an denen du die Arbeit investierst und die kleinen Siege bringen dich im Rennen voran.

Wusstest du, dass 25-30 % der Läufer, die an einem Marathon teilnehmen, aufgeben, nachdem bekannt gegeben wurde, dass der Läufer mit der Nummer 1 die Ziellinie überquert hat? Die wahren Champions gewinnen nicht immer das Rennen oder kommen als Erste ins Ziel. Aber sie beenden das Rennen. Wenn du aufgibst, weil du den großen Preis nicht gewinnst, gibst du auch alles andere auf. Das wird zu deiner Standardeinstellung. Man muss nicht immer der Schnellste oder der Beste oder der Klügste sein. Du musst dich nur dazu verpflichten, deine Denkweise in einen unzerstörbaren Mechanismus zu verwandeln, der auf Meisterschaft ausgerichtet ist.

Die Definition von Meisterschaft ist eine Person, die sich voll und ganz dem Weg der ständigen und nie endenden Verbesserung verschrieben hat. Ich habe früher geglaubt, dass ein Meister ein perfektes Wesen ist, das alle Antworten auf das Universum kennt. Aber das ist nicht wahr. In dem Moment, in dem du dich für diese Lebensweise entscheidest, bist du ein Meister auf einem engagierten Weg zur Meisterschaft.

Diese Lebensweise wird zu deiner höchsten Berufung.

Das kann dir niemand nehmen. Als Viktor Frankl von 1943 bis 1945 in einem Konzentrationslager überleben musste, nachdem er seine Familie in den Lagern verloren hatte, gab er nicht auf. Er schmiedete einen unzerbrechlichen Geist, nicht nur, um zu überleben, sondern auch, um seine Peiniger zu besiegen.

Er hatte Jahre später gesagt: *"Alles kann einem Menschen genommen werden, nur eines nicht: die letzte der menschlichen Freiheiten – die Wahl der eigenen Haltung in einer gegebenen Situation, die Wahl des eigenen Weges."*

Wenn deine Freunde dich fragen: "Was ist dein Geheimnis, um weiterzukommen?", kannst du sagen: "Ich investiere zusätzliche Zeit und tue immer, was nötig ist, um alle Hindernisse zu überwinden."

Die Leute werden dich als zwanghaft und unnatürlich bezeichnen. Das ist gut, das ist es, was du willst. Erfolg ist kein linearer Prozess. Du musst so besessen davon sein, dein Ziel zu erreichen, dass dein Geist wie die Kraft des Ozeans wird, der immer wieder gegen die Felsen prallt, bis er die Formationen dieser Felsen formt. Die Veränderung wird erst nach Tausenden von Jahren bemerkt, wenn die Felsen transformiert sind.

Staple deine kleinen Erfolge. Es sind die kleinen Erfolge, die im Laufe der Zeit zählen. Zu oft ignorieren wir die kleinen Erfolge und konzentrieren uns auf den großen Gewinn. Aber alle kleinen Siege zusammengenommen bringen den großen Preis näher.

Zähle deine kleinen Erfolge als bedeutende Erfolge. Wenn du für einen Marathon trainierst und jeden Tag 2 Meilen läufst, ist das ein kleiner Sieg. Der Abschluss des Marathons ist dein großer Sieg, aber den erreichst du nur, wenn du jeden Tag trainierst und alle Tage zusammenzählst, an denen du 3 km gelaufen bist, um deinen Körper auf den Sieg vorzubereiten.

Wie lange hältst du diese Gewohnheit, mehr zu tun, aufrecht? Ich würde diese Gewohnheit, mehr zu tun, zu einem Teil meines Seins, meines Tuns und meiner Einstellung machen. Deine größte Gabe ist nicht immer dein natürliches Talent.

Es ist die eine Sache, die dich erfüllt und die dich mit einer solchen Leidenschaft erfüllt, dass dein Drang, der Beste zu sein, ungebrochen ist. Wenn man dich "besessen" nennt, kannst du sagen: "Das stimmt, das bin ich. Wovon bist du besessen?"

Ich ermutige dich jetzt, deinen Weg zu wählen, diese Geschichte zu deiner eigenen zu machen, und ganz gleich, was du hörst oder welche Glaubenssätze dir von anderen vorgesetzt werden, nur du allein kontrollierst die inneren Mechanismen deines eigenen Lebens. Du hältst den Schlüssel in der Hand, um deine größten Gaben freizusetzen. Wo ist dieser Schlüssel? Wartest du immer noch darauf, dass ihn dir jemand in die Hand drückt?

Verwende diesen Schlüssel, um deine Tür zu einem neuen Universum aufzuschließen. Tue es jetzt und lass dich nicht von Schamgefühlen behindern.

Nimm die **ROTE** Pille und beginne deine Reise in den Kaninchenbau. Schau, wohin sie führt. Überquere den Fluss und entdecke auf der anderen Seite alles, wovon du je geträumt hast.

Gewinne groß, gewinne klein, werde besessen von deiner größten Leidenschaft und tue immer das, wovor die meisten Menschen Angst haben.

Wie du deinem Leben einen Sinn gibst

Sechs Strategien für den Aufbau von Sinn in deinem Leben

1. Schmiede einen eisernen Charakter

Charakterstärke bestimmt das Schicksal und entscheidet auf vielen Ebenen über dein Schicksal. Charakterstärke öffnet die endlosen Wege der Möglichkeiten und Erfahrungen, denen du auf deiner Reise begegnest. Alles, was dir widerfährt, hängt von der Charakterstärke ab, die du der Welt aufzwingst.

Charakter wird zur Grundlage für ein gut gelebtes Leben; er definiert dich durch die Handlungen, die du tust oder unterlässt, die Werte, nach denen du lebst, und die Haltung, die du auf Menschen und Situationen ausstrahlst. Das Schicksal wird nicht durch den Zufall oder einen vorbestimmten Weg bestimmt, sondern durch die Stärke des Charakters. Es ist eine Entscheidung, sich dem Prinzip der ständigen und nie endenden Verbesserung zu widmen.

Jeder von uns wird mit einem einzigartigen Charakter in diese Welt geboren. Niemand ist wie du. Als spirituelle Wesen, die mit der Mission geboren wurden, den Sinn des Lebens zu entdecken, wird dir die Verantwortung übertragen, für den Charakter der Seele zu sorgen. Es gibt keine Grenzen, wenn es darum geht, sich selbst zu erschaffen.

Die Grenzen, denen wir uns gegenübersehen, sind selbst auferlegt, und der Grad des Erfolgs oder Misserfolgs hängt davon ab, wie gut du in der Lage bist, den "Garten der Seele", der dein Charakter ist, zu pflegen. Er braucht besondere Pflege und Gehorsam, Liebe und Wertschätzung, um sich zu entfalten und zu wachsen. Dieser "Garten der Seele" braucht sozusagen regelmäßige Pflege und Disziplin, damit er richtig funktioniert. Wenn du es vernachlässigst, das "Unkraut" auszureißen, das in deinem Geist wuchert, werden charakterliche Mängel zur dominierenden Kraft in deinem Leben.

Ein Charakter, der vernachlässigt wird, baut sich mit der Zeit ab. Wenn du jedoch eine Vision von der Person hast, die du werden möchtest, wird dein Unterbewusstsein daran arbeiten, dein wahres Ich genau so zu erschaffen, wie du es dir wünschst. Sei dir über die Werte im Klaren, die dir am wichtigsten sind; ersetze deine schwachen Gewohnheiten durch positive Handlungen, die dein Leben aufbauen und gestalten.

Arbeite immer an etwas Neuem und Aufregendem. Freue dich auf die Person, die du werden kannst, anstatt dich mit dem zufrieden zu geben, was du einmal warst.

Wenn du bereits mit dir selbst zufrieden bist, gehe auf andere zu und hilf ihnen. Es gibt immer Raum für Verbesserungen, egal wer du bist. Selbst einige der größten Persönlichkeiten, die jemals auf dieser Erde gewandelt sind, haben nie aufgehört, den Weg der Selbstverbesserung zu suchen.

---

2. Entscheide dich, verpflichte dich, und handle!

Eine solide Entscheidungsfindung in Verbindung mit dem Engagement für ein bestimmtes Ziel ist eine wertvolle Fähigkeit, um Erfolg zu erlangen. Wenn du keine Entscheidung triffst und dich nicht auf eine bestimmte Vorgehensweise festlegst, befindest du dich in einer Position der Schwäche.

Der Grund dafür ist einfach: *Wenn du keine eindeutigen Entscheidungen triffst, legst du die Entscheidungsgewalt in die Hände anderer.*

Die Unfähigkeit, schnelle und selbstbewusste Entscheidungen zu treffen, ist so, als würdest du jemandem die Schlüssel zu deinem neuen Sportwagen geben und sagen: "Hier, das Auto ist zu viel für mich, fahr du!" Wenn du in der Lage bist, Entscheidungen zu treffen, die dich auf ein bestimmtes Ziel festlegen, hast du das Steuer in deinem Leben in der Hand. Glaube an dich selbst, dass du die richtigen Entscheidungen treffen wirst, und wenn du das getan hast, mach dir keine Gedanken mehr über das Ergebnis, sondern vertraue darauf, dass sich alles von selbst regeln wird.

Menschen kämpfen mit der Unentschlossenheit, weil sie sich nicht auf das Ergebnis der Entscheidung festlegen können. Sie wollen nicht die Verantwortung übernehmen, wenn die Dinge nicht so laufen wie erwartet. Es steht zu viel auf dem Spiel. Sie könnten Geld, ihre Position oder ihren Stolz verlieren oder in Verlegenheit geraten, wenn sie versagen. Aus Angst, eine schlechte Wahl zu treffen, entscheiden sie sich für gar nichts. Hast du schon einmal eine wichtige Entscheidung getroffen und danach tage- oder wochenlang an dir gezweifelt?

Jemand schlug mir einmal vor, Entscheidungen schnell zu treffen, innerhalb von zehn Sekunden oder weniger, wann immer dies möglich ist. Auf diese Weise vermeidest du Aufschieberitis und schläfst besser in dem Wissen, dass du eine Entscheidung getroffen hast und das Ergebnis nun in den Händen des Universums liegt. Wenn du über einer Entscheidung schläfst, die getroffen werden muss, wirst du wahrscheinlich gar nicht viel schlafen.

Trainiere, dich schnell zu entscheiden. Unentschlossenheit erzeugt Angst und Unruhe, die zu Passivität und letztlich zum Scheitern bei der Erreichung deiner Ziele führen. Denke daran: *Wenn du dich nicht entscheiden kannst, wird jemand anderes für dich entscheiden. Nimm Stellung und akzeptiere von Anfang an, dass sich nicht alles genau so manifestieren wird, wie du es dir erhoffst, und vertraue darauf, dass sich die Dinge genau so entwickeln werden, wie sie es sollen.*

Du solltest für den Erfolg planen, aber auch für das Unerwartete. Akzeptiere dies als Teil des Entscheidungsprozesses. Hier sind drei einfache Schritte, um Entscheidungen effektiver zu treffen:

a. Triff deine Entscheidung so schnell wie möglich. Wenn du mehr Informationen benötigst, um dir ein Bild zu machen, recherchiere das Problem oder bitte um Rat. Wenn alle Fakten zusammengetragen wurden und es nichts mehr zu tun gibt, entscheide dich schnell. Versuche nicht, das Ergebnis zu erraten oder zu kontrollieren.

b. Stehe zu deiner Entscheidung. Wenn deine Entscheidung nicht in Gefahr ist oder sich die Umstände nicht geändert haben, schadet es deinem Vertrauen in dich selbst und in das Universum, wenn du deine Entscheidung infrage stellst und versuchst, sie zu ändern. Ob richtig oder falsch, ob zum Guten oder zum Schlechten, erkenne an, dass du eine Entscheidung getroffen hast und dass es das Beste ist, was du zu diesem Zeitpunkt tun kannst.

c. Ergreife sofortige Maßnahmen! Sobald du eine Entscheidung getroffen hast, z. B. deinen

Job zu wechseln oder eine Gewohnheit aufzugeben, die dein größeres Ziel nicht mehr unterstützt, musst du sofort handeln. Das Momentum bringt dich in die Richtung, in die du gehen willst – vorwärts! Eine Entscheidung ohne Handeln ist sinnlos.

Wenn du die gewünschten Ergebnisse erzielen willst, muss das Gewicht deiner Entscheidung mit dem Gewicht deines Handelns übereinstimmen. Natürlich gibt es einige wichtige Entscheidungen, die Zeit brauchen, weil du vielleicht andere um Rat fragen oder das Problem untersuchen musst.

Wenn es die Situation zulässt, ist es völlig in Ordnung, sich etwas Zeit zu nehmen, um darüber nachzudenken. Wenn du dir dann sicher bist, was du willst, triff eine schnelle Entscheidung und gehe weiter.

3. Entwickle eine positive Einstellung zum Gewinnen!

Du hast die vollständige Kontrolle über die Kultivierung einer positiven, gewinnenden Einstellung. Ganz gleich, was in dieser Welt geschieht, ob es sich um einen Krieg oder eine weltweite

Wirtschaftskrise handelt, nichts sollte deine Lebenseinstellung brechen oder verändern. Nur du hast die Macht, das zu tun.

Eine gewinnende Einstellung zu haben ist eine Entscheidung, und es ist die beste Entscheidung, die du treffen kannst. Sage dir, dass du, egal in welcher Situation, nur durch die Kultivierung eines gesunden Geistes und einer positiven Einstellung die Herrschaft über deinen Geist erlangen kannst.

Wenn du eine gesunde Einstellung beibehältst, werden die natürlichen Gesetze des Universums es dir ermöglichen, die richtigen Gelegenheiten anzuziehen, um deinen Erfolg zu sichern. Wenn du eine beständige, gewinnende Einstellung beibehältst, wird sich alles, was du dir wünschst, von selbst einstellen und dir gehören. Ebenso wird eine negative und pessimistische Einstellung voller Wut, Neid, Gier, Unehrlichkeit und Angst negative Konsequenzen und letztendlich Misserfolg mit sich bringen.

Es ist eine unumstößliche Wahrheit, dass eine negative Einstellung zu Misserfolgen führt, und negative Ergebnisse führen schließlich zu einer Spirale unerwünschter Lebensweisen. Denke daran, dass du kein Opfer deiner Umstände bist. Du bist der Schöpfer deiner Umstände. Es ist dein großes Ziel, das diese geistige Energie nährt und dein positives Denken anregt und damit deine Gewinnereinstellung stärkt.

4. Schaffe ein gesundes Gleichgewicht, indem du herausfindest, was am wichtigsten ist

Es ist wichtig, ein gesundes Gleichgewicht in den kritischen Bereichen deines Lebens zu wahren. Es erfordert Übung und Disziplin, diese "Lebensbalance" zu entwickeln. Du musst genau wissen, was dir am wichtigsten ist, welche Werte für dich Priorität haben und was du am meisten schätzt; dann solltest du einen Plan erstellen, wie du ausreichend Zeit aufwenden kannst, um eine hochwertige Beziehung zu den wichtigsten Elementen deines Lebens aufzubauen.

Nimm dir etwas Zeit, um die Dinge zu genießen, die du vielleicht vernachlässigt hast. Gib etwas von deinem hart verdienten Geld für etwas aus, das du schon immer haben wolltest. Genieße die ersten Jahre deiner Kinder, bevor sie für immer weg sind. Gib eine Dinnerparty und lade deine engsten Freunde ein. Und vor allem:

Nimm dir viel Zeit zum Ausruhen. Ich kenne Leute, die von morgens bis abends arbeiten, erschöpft nach Hause kriechen und am nächsten Tag aufwachen und alles noch einmal machen.

Dieses Muster, das sich über viele Jahre hinweg wiederholt, ist anstrengend und verkürzt dein Leben um Jahre. Egal, wie viel Geld du verdienst oder wie weit du auf der Karriereleiter nach oben kletterst, es wird die verlorene Zeit nicht ersetzen, die du mit Familie und Freunden hättest verbringen können, um echte Beziehungen zu den einzigen Menschen aufzubauen, die wirklich wichtig sind. Außerdem könntest du eines Tages ganz oben auf der Leiter stehen und feststellen, dass du der Einzige bist, der dort steht! Wenn du dir mehr freie Zeit schaffst, kannst du mehr Zeit mit deiner Familie verbringen und dich auf deine Ziele und den Aufbau deines Lebens konzentrieren, während du anderen Interessen nachgehst, die zu größeren Chancen führen könnten.

5. Entwickle innovative Ideen

Ideen sind der Weg zum Erfolg. Aus innovativen Ideen entstehen die Funken der Kreativität, die die Vorstellungskraft anregen und dem Unterbewusstsein Visionen und Gedanken einprägen. Dies geschieht sogar, während wir schlafen. Mit anderen Worten: Ideen schalten den Verstand ein und öffnen die Türen zu einer Ebene des kreativen Denkens, die es vorher nicht gab.

In dem Moment, in dem eine Idee entsteht, wird sie von deinem zweckgesteuertern Verstand entweder akzeptiert oder abgelehnt. Wenn die Idee stark zu deiner persönlichen Mission beiträgt, muss sie sofort in die Tat umgesetzt werden. Die Idee muss von dem Moment an wachsen, in dem sie erdacht wird. Wenn die Idee positiv zu deinem großen Ziel beiträgt, wird sie zu einem Baustein für weiteres Wachstum und Entwicklung.

Wenn sich dein Geist entwickelt und von einem Zustand in den anderen übergeht, werden die Ideen lebendiger. Obwohl du vielleicht vorher Ideen hattest, die aus Verwirrung oder Ungewissheit entstanden sind, trägt jeder Gedanke und jede Idee, die du hast, nachdem du einen zweckgerichteten Geisteszustand entwickelt hast, dazu bei, den Zweck in jede deiner Handlungen einzubauen. Deine Handlungen beginnen dann, dem Zweck und der Mission deines Lebens zu dienen.

Wenn du diese neue Denkweise schaffst, indem du deine geistige Energie bündelst, werden deine Ideen wie ein Lauffeuer, das zunächst langsam brennt, aber bald außer Kontrolle gerät. Mach es dir zur Gewohnheit, deine Ideen aufzuschreiben, wenn sie dir kommen, denn wenn du Stunden oder Tage später versuchst, dich an diese bestimmte Idee zu erinnern, wirst du feststellen, dass du es nicht kannst. Sie hat sich aus deinem Denkbereich entfernt und kann nicht mehr abgerufen werden.

6. Werde eine Autorität in einem bestimmten Bereich deines Lebens und deiner Arbeit

Eine der wirkungsvollsten Möglichkeiten, eine große Bestimmung zum Ausdruck zu bringen, ist deine Arbeit. Du fragst dich vielleicht: "Was ist meine Lebensaufgabe? Wozu bin ich auf diese Erde gekommen?" Vielleicht bist du Maler, Mechaniker, Musiker, Schriftsteller, Psychologe, Tänzer, Dichter, Pilot, Tierarzt, Geschäftsmann, Sportler, Unternehmer oder Künstler von Weltrang.

Unabhängig von deinem Beruf ist die harte Arbeit an etwas, das du liebst, eine der besten Möglichkeiten, deine große Bestimmung zum

Ausdruck zu bringen. Auf diese Weise zeigst du der Welt, wer du wirklich bist.

Auf der Suche nach einer Arbeit, die deine Zeit wert ist, ist es wichtig, eine Beschäftigung zu finden, die du mit Leidenschaft ausüben kannst. Gib dich nicht mit dem zufrieden, was du bekommen kannst, sondern verfolge die Dinge, die du beherrschen willst. Mache deine Arbeit zu deiner größten Besessenheit; und wenn das, was du tust, nicht das ist, was du tun willst, nimm die notwendigen Änderungen vor, die dich am glücklichsten machen.

Tu immer das, was du tun willst, nicht das, was andere von dir erwarten. Wenn sich dein Ziel entfaltet, wirst du feststellen, dass sich die Möglichkeiten, die dich umgeben, deutlich erweitern. Wenn du erst einmal einen Arbeitsbereich entdeckt hast, für den du dich begeistern kannst, wird er dir plötzlich nicht mehr wie Arbeit vorkommen. Das zu tun, was du liebst, und dafür bezahlt zu werden, ist die Grundlage für ein erfolgreiches, erfülltes und wirklich glückliches Leben.

Entwickle deine Besessenheit (und tue alles, was nötig ist)

Vor Jahren habe ich meine Besessenheit geweckt, als ich Tony Robbins' erstaunliches Buch *Awaken the Giant Within* las. Ich entdeckte das Buch zufällig; irgendetwas sagte mir, ich solle es in die Hand nehmen, und mit den letzten zwanzig Dollar, die ich hatte, verließ ich die Buchhandlung mit einem Buch, das den Lauf meines Lebens verändern sollte.

Innerhalb weniger Wochen schrieb ich meine Ziele auf, übte positive Affirmationen und sprach über Erfolg und die Dinge, die ich tun wollte. Ich verwandelte meine Sucht nach Chaos in eine Sucht nach Lernen. Je mehr ich entdeckte und umsetzte, desto hungriger wurde ich nach Wissen und Wachstum.

Ich schrieb meine Ziele immer und immer wieder auf und verfeinerte meinen Auftrag und meinen Zweck. Je öfter ich das tat, desto mehr Muster erkannte ich. Meine Besessenheit erwachte und sagte mir, was ich als Nächstes tun sollte. Ich fühlte mich wie ein verlorenes Schiff auf dem Ozean inmitten eines Sturms und plötzlich war da ein Licht an Land, das mich vorsichtig zu sicheren Ufern führte.

Innerhalb weniger Wochen entdeckte ich meinen tief sitzenden Traum, die Welt zu bereisen, eine neue Sprache zu lernen und Bücher zu schreiben, die anderen zum Erfolg verhelfen sollten. Ich war wie besessen von meinem Traum. Ich begann, meine Flucht zu planen. Ich beschloss, dass ich in einem Jahr in ein Flugzeug steigen und mein Sicherheitsnetz aus Arbeit, Beziehungen, Freunden und Familie verlassen würde, um meiner Besessenheit zu folgen, ein großartiges Leben zu führen.

Am Anfang kamen mir viele "Was wäre wenn"-Fragen in den Sinn. Was wäre, wenn mir das Geld ausgegangen wäre, nachdem ich angefangen hatte zu reisen? Was wäre, wenn ich scheitern und noch einmal ganz von vorne anfangen müsste? Was wäre, wenn ...? Ich erkannte, dass diese Fragen die falschen waren, weil sie nur Angst schürten. Stattdessen begann ich, Fragen nach dem "Wie" und "Was" zu stellen. "Wie würde ich nach Thailand kommen? Was würde ich als erstes tun, wenn ich dort ankomme?"

Ich habe mein Vision Board an die Wand geheftet. Ich hängte meine Ziele, positive Zitate und alles andere, was ich finden konnte, auf. Ich wusste, dass ich zuerst anfangen musste, den Traum in meinem Kopf zu leben, bevor ich ihn verwirklichen konnte.

Um deinen "Unverblümt"-Ansatz für das Leben zu entwickeln, musst du eine Besessenheit für deine Träume entwickeln - du musst aufwachen und dich dafür einsetzen. Mache dich besessen von deinem Erfolg. Sei besessen davon, dein Bestes zu geben.

Man kann nur dann von einer Sache besessen sein, wenn man sie wirklich liebt, sei es ein Job, ein angestrebtes Nettovermögen, ein Gemälde, ein Studium, ein Fitnessziel oder eine Beziehung. Nur wenn dir etwas wirklich am Herzen liegt, wirst du trotz aller Widrigkeiten durchhalten. Denke daran, dass du selbst von deinem Ziel besessen sein solltest und nicht jemand anderes, der dich beeinflusst.

Mit einer solchen Besessenheit *ist* der *Erfolg gewiss*.

Von den Helden lernen

Denke an die erfolgreichsten Menschen der Welt. Ich verspreche dir, dass keiner von ihnen dorthin gelangt ist, wo er hinwollte, ohne von seinen Träumen, Visionen und Zielen besessen zu sein. Es heißt, dass Muhammad Ali immer wieder sagte: „Ich bin der Beste, ich bin der Beste", weil er zuerst an sich selbst glauben wollte, damit er die Besten schlagen konnte. Wenn du wirklich alles geben und vor nichts zurückschrecken willst, musst du dieses Feuer in dir entfachen, das dir hilft, alles zu vernichten, was sich dir in den Weg stellt.

"Du musst dein eigener Champion und Cheerleader werden, bevor dich jemand anderes anfeuert.

Michael Jordan ist der beste Basketballspieler der Welt, weil er davon besessen war, der Beste zu werden und sich durch nichts aufhalten ließ. Elon Musk schreibt Geschichte, indem er die Zukunft erschafft, weil er davon besessen war, die Zukunft zu gestalten, und ungeachtet der vielen Misserfolge, die er erlitt, die Grenzen der Raumfahrt und der Wissenschaft immer weiter verschob.

Die Bestsellerautorin und Weltklasse-Rednerin **Mel Robbins** sagt in ihrem Buch *The High Five*

Habit, dass "der Hauptgrund, warum Menschen ihre Ziele nicht erreichen, darin besteht, dass sie nicht glauben, dass sie es wert sind, sie zu erreichen. Sie sind nicht besessen genug, um sie zu verwirklichen".

Mache eine Liste mit den berühmten Menschen, die du kennst; es gibt Hunderte und Tausende von ihnen. Von den klassischen Komponisten Mozart und Bach bis hin zu modernen Sportgrößen wie Babe Ruth und Muhammad Ali, Schauspielern und Filmregisseuren, Steve Jobs und Serena Williams, Bill Gates, Jim Henson, Steven Spielberg, John Williams, Stephen King, J. K. Rowling, Wayne Gretzky und Mark Zuckerberg. Besessenheit haben und hatten sie alle. Sie wären heute nicht da, wo sie sind, wenn sie nicht von der Besessenheit besessen wären, dort weiterzugehen, wo alle anderen aufhören, die Grenzen zu überschreiten. Das ist es, was Besessenheit mit einem macht.

Die Besessenheit nutzen, um Meister zu werden

Deine Besessenheit steht im Einklang mit deiner Bestimmung - dem Grund, warum du geboren wurdest - und treibt diese an. Stephen King ist einer der größten Schriftsteller unserer Zeit. Er hat über 70 Bücher geschrieben und über 450 Millionen Exemplare verkauft. Aber er wäre nicht mit irgendetwas erfolgreich gewesen; es war seine Lebensaufgabe, ein großer Schriftsteller zu sein. Serena Williams ist eine der größten Tennisspielerinnen, die je gelebt haben, aber sie beherrscht das Tennis. Nicht Golf oder Bowling oder Tennis.

Schau dir an, was ein beliebiger Super-Aufsteiger erreicht hat. Du wirst sehen, dass hinter seinem Erfolg ein einzigartiges Ziel und eine alles verzehrende Besessenheit stehen. Du wirst eine starke Kombination aus Leidenschaft, Entschlossenheit und Beharrlichkeit sehen.

Erfolg gibt es nicht über Nacht

In einer Kultur, in der die sozialen Medien eine große Rolle spielen, lassen sich die Menschen von "Sensationen über Nacht" mitreißen. Sie betrachten die Gewinner mit Erstaunen und führen ihren Erfolg auf ein angeborenes Talent oder einen unfairen Wettbewerbsvorteil zurück. Sie werden sagen, dass einige einfach Glück hatten.

Es stimmt zwar, dass diese Menschen Glück hatten, aber es stimmt auch, dass sie alles vorbereitet haben, um das Glück zu nutzen. Sie waren bestens vorbereitet, als sich ihre Chancen boten; sie hatten jahrelang, wenn nicht jahrzehntelang, dafür trainiert.

Der Unterschied zwischen Besessenheit und Motivation

Besessenheit und Motivation sind ähnlich, aber nicht dasselbe. Die Motivation hängt ganz von den Gefühlen ab; sie ist in der einen Minute da und in der nächsten weg. Sie ist unzuverlässig. Besessenheit hingegen ist eher eine Art Hyperfokus. Du lebst, atmest und handelst nach der Sache, von der du besessen bist.

Besessenheit ist das brennende Verlangen tief in deinem Inneren, das sich, wenn du genau hinhörst, anhört, als würde jemand in dir schreien. Es funktioniert nicht, wenn du deine Besessenheit durch Ablenkungen oder Süchte ausblendest. Wenn du deine Besessenheit, erfolgreich zu sein, ignorierst, wird sie sich zu einer stillen Verzweiflung auswachsen. Wenn du sie jedoch in die Welle deiner größten Leidenschaft verwandelst, wirst du unzerbrechlich.

Zu warten, bis du motiviert bist, ist so, als würdest du auf die Flut warten, bevor du dein Boot in See stichst.

Ein weiterer großer Unterschied zwischen Motivation und Besessenheit besteht darin, dass man, wenn man besessen ist, bereit ist, jeden Preis zu zahlen, um es zu schaffen. Der Name des Spiels heißt "koste es, was es wolle". Du wirst alles tun, um an die Spitze der Charts zu kommen, die Konkurrenz zu schlagen und die Pessimisten beiseite zu schieben, wenn sie dir sagen, dass du langsamer werden sollst.

Es macht nichts, wenn du noch nicht von deinen Träumen besessen bist - du beginnst zu verstehen, was Besessenheit ist. Du hast sie schon ein paar Mal in dir gespürt und weißt genau, wie es sich anfühlt, wenn etwas in dir erwacht und dich mit Aufregung erfüllt. Vielleicht fühlt sich deine Besessenheit für dich unnatürlich an. Vielleicht fühlt sie sich nicht real an. Aber sie ist real, und sie wird nicht verschwinden - sie wird darauf warten, dass du sie entdeckst.

Echte Besessenheit vom Erfolg, die Da Vinci oder Pablo zu Künstlern von Weltrang oder Charlie Chaplin zu einem Unterhaltungskünstler von Weltrang macht, verschwindet nicht einfach.

Man kann sie ignorieren, aber wenn sie einmal geweckt ist, erinnert sie einen daran, dass sie da ist.

Denke immer daran, dass nur du selbst für deinen Erfolg verantwortlich bist. Niemand wird dich retten. Niemand wird dir zeigen, wie du Erfolg haben kannst. Niemand wird an deine Träume glauben, wenn du es nicht tust. Sie mögen dich unterstützen. Sie mögen dich ermutigen. Sie mögen dich korrigieren. Aber sie sind nicht für dich verantwortlich. Du bist es dir selbst schuldig, von deinem Traum besessen zu sein und dein bestes Leben zu verfolgen, aufzubauen und zu gewinnen.

Du musst deine Besessenheit nicht erst "entdecken". Du musst sie nur erwecken.

Du musst wissen, dass die Besessenheit in dir lebt, in mir lebt und in den Tausenden da draußen, die noch verwirrt sind. Viele werden ihre Besessenheit lange genug ignorieren und diese Flamme ausbrennen. Aber nur wenige werden das Glück haben, vollständig zu ihrer Besessenheit zu erwachen, und zu diesen wirst du gehören.

Woher weißt du, wann du deine Besessenheit entdeckt hast? Das ist ganz einfach. Du denkst nur noch daran. Sie verschlingt deine Gedanken. Du arbeitest geistig an deiner Besessenheit, auch wenn du andere Arbeiten für jemand anderen erledigst. Besessenheit ist dein Erwachen. Das ist der Moment, in dem dein Geist völlig auf deine Aufgabe fixiert ist. Du weißt genau, was zu tun ist, ohne es aufzuschreiben oder dich daran zu erinnern. Die Gabe der Besessenheit ist es, die deine innere "Bestie" zum Leben erweckt.

Du musst jetzt davon besessen werden, dein Leben im Durchschnitt zu zerstören. Du musst davon besessen sein, dein Leben so zu gestalten, wie es sein soll. Du wirst dein Traumleben nicht leben und dein Glück nicht finden, indem du mehr Dinge kaufst, Kredit bei der Bank bekommst oder einen Traumurlaub machst, für den du sechs Monate lang arbeiten musst, nur um ihn zu bezahlen. Du wirst dein Traumleben nur dann aufbauen, wenn du deine Bestimmung lebst, angetrieben von deiner Besessenheit, was auch immer dazu nötig sein mag.

Du wirst lernen, wie deine Besessenheit dir helfen wird und wie du sie vollständig aktivieren kannst. Es ist an der Zeit, dein volles Potenzial zu entfalten.

Die Macht der Besessenheit

Warum ist es hilfreich, von dem besessen zu sein, was man will? Hier sind 8 Gründe, um eine Besessenheit für deine besten Ziele zu entwickeln.

1. Besessenheit hilft dir, schneller zu wachsen

Wenn du nur an eine einzige Sache denkst und auf diese hinarbeitest, wirst du schneller wachsen, auch wenn du auf dem Weg dorthin eine Menge Fehler machst, und so die Wahrscheinlichkeit des Erfolgs erhöhen.

2. Besessenheit fördert Kreativität

Wenn man besessen ist, ist das Zweitbeste einfach nicht gut genug. Du bist unersättlich.

Du wirst etwas erst dann akzeptieren, wenn du es für perfekt hältst. Denk an Steve Jobs. Denk an Elon Musk. Denk an Lady Gaga. Wenn du etwas unbedingt willst, entfesselst du deine beste Kreativität.

Besessenheit bringt dich dazu, deinen eigenen Weg zu gehen. Du kümmerst dich nicht darum, was andere tun. Du hast keine Angst davor, die Art und Weise abzulehnen, wie die Mehrheit die Dinge immer getan hat.

3. Besessenheit hilft dir zu glauben, dass das, was du willst, eintreten wird.

Je stärker du etwas für wahr hältst, desto wahrscheinlicher ist es, dass es sich in deiner Realität entfaltet.

4. Besessenheit macht dich mutig

Mit der Besessenheit geschieht etwas Wunderbares: Man hört auf, zu viel nachzudenken, und man hört auf, Angst zu haben. Man fühlt sich mutiger als je zuvor, und genau dieser Mut ist es, der Türen öffnet und einen weiterbringt.

5. Besessenheit macht dich produktiver

Wenn du von einer Sache besessen bist, wirst du wahrscheinlich so effizient wie nie zuvor, denn du willst dein Ziel erreichen, egal was passiert. Dieser Wunsch beflügelt alle anderen Aspekte deines Lebens und sorgt dafür, dass du so produktiv wie möglich arbeitest.

6. Besessenheit hilft dir, dich zu konzentrieren.

Eine laserartige Besessenheit ist ein Geheimnis der erfolgreichsten Menschen der Welt. Es gibt keinen Raum für Ablenkungen - auch nicht in Bezug auf verschiedene Bereiche, in denen dein Beitrag für die Arbeit benötigt wird. Du konzentrierst dich auf eine Sache zur gleichen Zeit. Besessenheit macht es einfacher, "Nein" zu Dingen zu sagen, die nicht mit deinem Ziel übereinstimmen. Und das macht dich natürlich erfolgreicher.

7. Besessenheit macht dich verantwortlich

Wenn du von einer Sache besessen bist, wirst du keine Zeit damit verbringen, Ausreden zu finden, anderen die Schuld zu geben oder zu trödeln. Du übernimmst die volle Verantwortung für das, was du erreichen willst. Du wirst Wege finden, um deine Hürden zu überwinden, sei es, dass du dein Team umbesetzen, wieder zur Schule gehen oder dir die richtigen Mentoren suchen musst.

Du willst so schnell wie möglich dein Bestes geben. Du hast keine Zeit, dich mit Wenn und Aber aufzuhalten. Obsessive Menschen lernen zwanghaft; sie hören nie auf zu experimentieren und ihre Fähigkeiten und Taktiken zu verbessern. Sie übernehmen die volle Verantwortung.

8. Besessenheit verschafft dir einen Wettbewerbsvorteil

Angenommen, du hast es mit talentierteren Konkurrenten zu tun. Du wirst sie immer noch schlagen, wenn du sie überarbeitest, und um sie zu überarbeiten, musst du von dem, was du tust, besessen sein. Die meisten Menschen geben auf, sobald die Dinge schwierig werden. Die Besessenen geben nicht auf. Sie sind die wenigen, die es schaffen, während andere auf der Strecke bleiben.

Es ist immer hilfreich, sich daran zu erinnern, dass wir alle gleich sind - es sind unsere Bemühungen, Leidenschaften, Gewohnheiten, Disziplin und Entscheidungen, die uns unterscheiden, und all das kann durch Besessenheit angeheizt werden.

Dein Besessenheitsbaukasten

Jetzt, da du weißt, was Besessenheit bedeutet und warum sie wichtig ist, um deine Träume zu verfolgen, ist es an der Zeit, genau zu lernen, wie du die Besessenheit aufbauen kannst, um großartig zu werden. Im Folgenden findest du mehrere Handlungsanweisungen, die dir helfen werden, deine Besessenheit zu aktivieren. Du kannst ein Meister in einem dieser Bereiche werden oder lernen, in einer Handvoll von ihnen zu brillieren.

1. Entscheide, dass das, was du willst, möglich ist, egal was es ist

Ganz gleich, wie unmöglich dir etwas zunächst erscheinen mag, deine Leidenschaft wird es erst wahrscheinlich und dann möglich machen. Als Elon Musk sagte: "Wir fliegen zum Mars", oder als Walt Disney sich eine glückliche Welt vorstellte, schien das unmöglich. Sie haben dann gegen alle Widrigkeiten gekämpft, um ihre Vision zu verwirklichen.

2. Setze dir große Ziele - Du wirst herausfinden, wie du sie erreichen kannst

Wenn du deine Zukunft zurückverfolgen würdest, wie würde sie heute aussehen? Was ist das größte Ziel? Frag dich, wenn du alles haben könntest, was wäre es? Was hast du dir schon immer gewünscht? Schreibe deine Ziele auf. Je größer und unheimlicher, desto besser. Das bedeutet nur, dass du dich steigern wirst, um sie zu erreichen.

3. Gib dir selbst die Erlaubnis, deinen Traum zu verfolgen

Du solltest keine Bestätigung oder Erlaubnis brauchen, um deine Träume zu verfolgen - es sind deine und nur deine, an die du glaubst und die du zum Leben erwecken kannst. Aber wenn du noch eine Erlaubnis brauchst, um anzufangen, dann gebe ich sie dir jetzt. Du hast keine Zeit zu verlieren. Du weißt nicht, was nächste Woche passieren wird. Du musst heute anfangen, deinen Traum zu verfolgen - du hast lange genug gewartet, um zu sehen, was passiert.

4. Verfolge unerbittlich ein Ziel nach dem anderen - sei auf Widerstand vorbereitet

Die Zeit des Abwägens ist vorbei - es ist an der Zeit, sich mit aller Kraft auf eine einzige Maßnahme festzulegen. Deine Erfolgschancen steigen mit dem Grad deines Engagements, denn es geht einher mit einem Anstieg der Bemühungen und des Wissens. Wenn du ein klares Ziel vor Augen hast, wirst du eine klare Strategie entwickeln. Kalkuliertes Risiko ist nicht schädlich, Leichtsinn schon.

5. Konzentriere dich jeden Tag auf das, was du willst

Visualisiere deine Ziele. Konzentration ist Macht, und sie ist der Unterschied zwischen dem Erreichen deines Ziels und der Annäherung an dein Ziel. Willst du "fast erfolgreich" sein oder willst du dein Ziel "voll treffen"? Konzentriere dich und lenke deine Gedanken und Energien, um das Ziel zu erreichen.

6. Schaffe durch Tagebuchführung Klarheit

Beginne ein Tagebuch zu führen und schreibe deine Ziele auf, nicht nur einmal, sondern jeden Tag. Wiederhole deine Ziele vor dir selbst und schreibe sie so oft auf, dass sie ein Teil von dir werden. Du wirst besser erkennen können, was du wirklich willst, weil du es vor Augen hast und nicht in deinem Kopf.

Nur eine kleine Handvoll Menschen erreicht dieses Niveau an Klarheit, Leidenschaft und Engagement. Vielleicht 1 % der 1 % schreibt jeden Tag seine Ziele auf. Es spielt keine Rolle, was du zu schreiben beginnst – zapfe deine innere Kraft an und erinnere dich an eine Zeit, in der du etwas so sehr wolltest, dass es dich in Brand setzte. Dieses Feuer ist immer noch da. Du denkst, es ist erloschen, aber das ist es nicht. Du kannst es wieder entfachen.

7. Baue ein System von Feedbackschleifen auf

Ein wichtiger Teil der Entwicklung einer Besessenheit für etwas ist es, sich eine Feedbackschleife anzugewöhnen, in der man ständig darüber nachdenkt, wie man etwas verbessern kann. Die Welt verändert sich schneller als je zuvor; es ist leicht, sich von einem kleinen Erfolg mitreißen zu lassen, ohne zu wissen, dass sich das Rad bald wieder dreht. Es ist wichtig, interne Vorurteile ständig zu hinterfragen und sich echtes Feedback zu holen.

8. Werde die Angst los

Angst und Besessenheit gehen nicht Hand in Hand – das eine verdrängt das andere. Ein gewisses Maß an Angst ist gesund – sie zeigt dir, dass das, was du verfolgst, für dich von Bedeutung ist, und hält dich dazu an, eine vernünftige Vorgehensweise zu wählen. Angst ermutigt dich, besser zu planen und Risiken besser zu managen. In kleinen Dosen ist sie gut für dich. Aber wenn sie dich lähmt, musst du dich damit auseinandersetzen, und zwar jetzt.

9. Nutze die Macht der Zinseszinsen

Und schließlich solltest du daran denken, dass außergewöhnliche Menschen nicht im Handumdrehen geschaffen werden. Es sind Jahre und sogar Jahrzehnte der Arbeit, die dazugehören, zusammen mit der Besessenheit, niemals aufzugeben. Ganz gleich, für wie gewöhnlich du dich hältst, wenn du dich in den Bereichen deines Lebens, die dir am wichtigsten sind – sei es deine Fitness, deine emotionale Gesundheit, deine Finanzen oder deine kreative Zufriedenheit – jeden Tag nur um 1 % verbesserst, kannst du in der Summe meilenweit voraus sein. Denk immer daran und nutze die Macht der Zinseszinsen.

Die Besessenheit ist bei jedem Menschen anders. Manche Menschen sind sich ihrer Besessenheit bewusst und setzen sich für sie ein, während die Besessenheit anderer vom Lärm verdrängt wird. Hör auf das, was du wirklich willst, und geh ihm nach, "Unverblümt". Du weißt jetzt, wie du die Bestie in dir wecken kannst.

Kapitel "Mitbringsel"

- Du brauchst deine Besessenheit nicht zu finden oder zu entdecken - sie ist bereits in dir vorhanden und hat sich an dich gewandt. Du musst sie nur erwecken.

- Besessenheit und Motivation sind unterschiedlich. Motivation beruht auf Emotionen und ist flüchtig. Besessenheit ist alles verzehrend, macht dich unzerbrechlich und unaufhaltsam und bringt dich zu deinen Zielen, egal, was du dafür tun musst.

- Deine Besessenheit steht im Einklang mit deinem Ziel und treibt dich dazu an, ein Meister zu werden.

- Du willst eine Besessenheit entwickeln, wenn es darum geht, deine Ziele zu verfolgen, denn das hilft dir, schneller zu wachsen, macht dich kreativer, verantwortungsbewusster, produktiver, zielstrebiger, mutiger und verschafft dir einen Vorteil gegenüber deiner Konkurrenz.

Verwende so viele Werkzeuge aus dem Besessenheitsbaukasten, wie du kannst. Beginne mit der Entscheidung, dass alles, was du willst, möglich ist. Schreibe es auf. Verfolge jedes Ziel unerbittlich, eines nach dem anderen. Führe ein Tagebuch. Hole dir Feedback. Werde deine Angst los. Und denke an die Magie des Zinseszinseffekts.

Die 6 Gewohnheiten der Selbstbeherrschung

Dein Kopf - also das, was du weißt und glaubst -, dein Verstand und dein Herz sind dein größtes Kapital. Wenn du sie richtig einsetzt, wirst du unaufhaltsam sein. Um dies erfolgreich zu tun, musst du die Kunst der Selbstbeherrschung beherrschen.

Bisher hast du dich sehr gut geschlagen, und dieser Kurs wird dein Lernen noch mehr beschleunigen, wenn du die sechs phänomenalen Gewohnheiten der Selbstbeherrschung erlernst.

Lass uns jetzt eintauchen und diese Gewohnheiten optimieren.

---

1. Konzentriere dich auf eine Gewohnheit (und ein Verhalten) nach dem anderen

Wir haben diese Strategie in einem früheren Abschnitt des Buches besprochen. Warum erzähle ich sie noch einmal? Weil wir, wenn wir versuchen, uns zu disziplinieren, oft von diesem Prozess mitgerissen werden. Wenn wir versuchen, zu viel zu tun oder noch besser zu werden als zuvor, beginnen wir, unseren Teller mit so vielen Aufgaben, Aktivitäten oder verschiedenen "guten" Ideen zu füllen. In diesem Fall zwingst du dich wahrscheinlich, an mehreren Gewohnheiten gleichzeitig zu arbeiten.

Du kannst versuchen, mit dem Rauchen aufzuhören, täglich Sport zu treiben, 10 Stunden am Tag zu arbeiten, deinen Kundenstamm zu vergrößern und die Prokrastination zu besiegen - alles zur gleichen Zeit. Vielleicht schaffst du das ein paar Tage lang, aber deine Willenskraft wird bald zusammenbrechen, weil du es nicht gewohnt bist, zu viel Druck auf dich auszuüben. Am Ende wirst du frustriert und ausgebrannt sein und in die alten, vertrauten Gewohnheiten zurückfallen, die in deiner Komfortzone existieren.

Deshalb musst du immer mit einer Gewohnheit beginnen.

- Wähle den Bereich deines Lebens, den du zuerst verbessern möchtest.

- Wähle in diesem Bereich eine beliebige Verbesserung, die du erreichen möchtest. Wenn dir zum Beispiel deine Gesundheit wichtig ist und du derzeit Diabetes Typ II hast, aber entschlossen bist, ihn zu kontrollieren, könntest du daran arbeiten.

- Setze dir ein sinnvolles Ziel auf der Grundlage der angestrebten Verbesserung. In diesem Fall könnte es lauten: "Ich möchte meinen Diabetes kontrollieren und meinen Blutzuckerspiegel einstellen."

- Ermittle als Nächstes alle ungesunden Gewohnheiten, die du derzeit hast und die mit der gewünschten Verbesserung zusammenhängen.

Wenn dein Blutzuckerspiegel übermäßig hoch ist, liegt das daran, dass du dich kalorienreich ernährst, dass du dich nicht bewegst oder dass du zu chronischem Stress neigst? Es könnte auch andere Gründe geben.

- Erstelle eine Liste der Gewohnheiten, an denen du arbeiten musst. Sobald du die Arbeit an einer Gewohnheit abgeschlossen hast, arbeite an der nächsten in der Reihe.

- Sobald du die wichtigsten Bereiche ermittelt hast, die deiner Aufmerksamkeit bedürfen, wähle eine Gewohnheit aus, mit der du brechen möchtest, und ersetze sie durch eine gesündere.

- Erstelle darauf aufbauend einen Plan zur Änderung der Gewohnheiten, wie zuvor beschrieben, und mache dich an die Arbeit.

- Wenn du eine bestimmte Gewohnheit individuell aufbauen möchtest, nicht unbedingt anstelle einer bestehenden Gewohnheit, identifiziere den Bereich, setze dir ein Ziel, mache einen Aktionsplan und beginne damit. Wenn du beispielsweise mehr Bücher lesen möchtest, überlege dir, welche Art von Büchern du lesen möchtest, warum du das tun möchtest, halte zwingende Gründe bereit, lege Meilensteine fest, stelle einen Aktionsplan auf und beginne sofort mit der Arbeit daran.

Nachdem du ein bestimmtes Ziel erreicht hast, geh deine Liste der Gewohnheiten noch einmal durch und arbeite dich zu einem weiteren vor.

2. Erstelle inkrementelle Ziele

Inkrementell ist ein Adjektiv, das sich auf eine Steigerung von etwas bezieht. Füge dieses Adjektiv zu deinen Zielen hinzu, um sie in "inkrementelle Ziele" zu verwandeln. Was sind das für Ziele? Nun, sie sind äußerst wirkungsvoll und helfen dir, wenn du dich auf den Weg machst, deine Selbstkontrolle zu stärken.

Ich habe in diesem Buch bereits mehrfach erwähnt, dass deine Willenskraft ins Unerträgliche sinkt, wenn du dir ein Ziel als Ganzes vornimmst. Wenn man dich zum Beispiel bittet, ein 600-seitiges Buch zu lesen, wirst du wahrscheinlich schon beim bloßen Gedanken daran verrückt, geschweige denn beim Aufschlagen der ersten Seite.

Stell dir vor, dass dein Gehirn das gleiche Problem durchmacht, wenn du öffentlich ankündigst, in zwei Wochen zuckerfrei zu werden, 30 Pfund abzunehmen oder mit dem Rauchen aufzuhören. Diese Ziele mögen sich zunächst sehr groß und ermutigend anhören, aber auf lange Sicht bringen solche großen Ziele meist eine Abwärtsspirale von Problemen mit sich.

Die Ankündigung von etwas Großem klingt gut für deine Ohren und deinen Geist. Wenn du dich selbst herausforderst, fühlst du dich aufgeregt. Dein Körper schüttet Adrenalin aus, ein Hormon, das sowohl für Stress als auch für Aufregung verantwortlich ist. Dieser Adrenalinstoß sorgt dafür, dass du dich beschwingt fühlst. Der Rausch klingt jedoch bald wieder ab. Dann wird dir klar, wie überwältigend das große Ziel ist, und dann wird dir die Realität bewusst: Es ist schwierig!

Normalerweise geben die meisten von uns unter solchen Umständen auf. Mit verschiedenen Ausreden wie zum Beispiel, dass das Ziel zu groß sei, dass man andere Dinge im Leben wolle oder dass man sich nicht das richtige und sinnvolle Ziel gesetzt habe, gibt man auf.

In Wirklichkeit liegt das Problem nicht in einem dieser Bereiche. Es liegt daran, dass das Ziel nicht realistisch genug ist. An dieser Stelle sind Etappenziele sehr nützlich. Sie machen dein großes, überwältigendes Ziel überschaubarer und machbar. Anstatt etwas Großes als Ganzes in Angriff zu nehmen, schneide es herunter, damit es leichter zu erreichen ist.

Wenn dir jemand sagt, du sollst jeden Tag zwei Seiten eines Buches lesen, ist das natürlich leichter zu bewältigen. Du weißt, dass du dafür höchstens 15 Minuten brauchst, und in nur 15 Minuten wirst du die Aufgabe erledigt haben. Wenn du dagegen ein 500-seitiges Buch lesen sollst, fühlst du dich unter Druck gesetzt, selbst wenn du einen Monat Zeit hast, das Buch zu beenden.

Deshalb konzentriere ich mich immer darauf, mir schrittweise Ziele zu setzen; ich rate dir, dasselbe zu tun. Hier ist, wie du das tun kannst.

- Nimm dein großes Ziel und unterteile es in einen mittelfristigen Meilenstein. Wenn du zum Beispiel in einem Jahr 30 Pfund abnehmen willst, kann dein mittelfristiges Ziel darin bestehen, in sechs Monaten 15 Pfund abzunehmen.

- Nimm dieses mittelfristige Ziel und zerlege es in ein kurzfristiges Ziel, zum Beispiel 7,5 Pfund in drei Monaten abzunehmen.

- Konzentriere dich auf dieses kurzfristige Ziel und unterteile es in wöchentliche Etappenziele, um sicherzustellen, dass du jede Woche ein Ziel zu erreichen hast. Wenn du in drei Monaten 7,5 Pfund abnehmen willst, hast du also etwa 12 Wochen Zeit. Du könntest also jede Woche etwa 0,5 Pfund abnehmen.

- Konzentriere dich nun darauf, was du tun musst, um dieses Ziel zu erreichen. Wenn du beschließt, mit Hilfe von Aerobic abzunehmen, wähle einen Startpunkt. Du könntest zum Beispiel mit 10 Minuten Aerobic pro Tag beginnen. Dann musst du die Dauer jede Woche langsam erhöhen, um ein Etappenziel zu erreichen. So sollten deine Etappenziele aussehen:

☐ 6 Tage in der Woche 10 Minuten trainieren

☐ 6 Tage in der Woche 15 Minuten lang trainieren

☐ 6 Tage in der Woche 20 Minuten lang trainieren

☐ 6 Tage in der Woche 20 Minuten lang trainieren

☐ 6 Tage in der Woche 25 Minuten lang trainieren

☐ 6 Tage in der Woche 25 Minuten lang trainieren

☐ 6 Tage in der Woche 30 Minuten lang trainieren

☐ 6 Tage in der Woche 30 Minuten lang trainieren

- Auf diese Weise kannst du dein Ziel immer weiter ausbauen, bis du jeden Tag die gewünschte Zeit trainierst.

Wenn du deine schrittweisen Ziele verfolgst, wirst du erste positive Ergebnisse bemerken und deinem Ziel näher kommen. Außerdem erschöpft dich dieser Prozess nicht, denn du baust auf den gewünschten Erfolg hin auf, anstatt dich selbst zu überfordern und dich dabei selbst aus dem Rennen zu werfen.

---

3. Setze klare Grenzen für das Verlangen

Klarheit ist einer der goldenen Schlüssel zum Erfolg in jedem Bereich deines Lebens. Je klarer du dir darüber bist, was du willst, desto leichter wird es, es zu erreichen. Wie kann ich das mit Sicherheit sagen? Weil ich auf diese Weise mein Leben in allen Lebensbereichen zum Besseren verändert habe.

Wenn es darum geht, Selbstkontrolle aufzubauen, musst du dir über alles im Klaren sein, vor allem, wenn es darum geht, deinen Gelüsten Grenzen zu setzen. Entscheide, was du kontrollieren willst, warum du das tun musst, wie viel du kontrollieren solltest und wie du dabei vorgehen willst.

Je klarer deine Grenzen sind, desto besser kannst du sie einhalten und desto schneller kommst du deinem Ziel näher. Klare Grenzen bedeuten, dass du die Grenzen kennst, die du einhalten musst, und weißt, wann du sie einhalten musst.

- Konzentriere dich auf die Gewohnheit, die du ändern möchtest, und denke an die Ablenkungen, die du wahrscheinlich erleben wirst.

- Wenn du diese bereits identifiziert hast, gehe sie durch.

- Analysiere jede Ablenkung, jede Versuchung gründlich und überlege dir, welche Grenze du setzen musst. Wenn du zum Beispiel weißt, dass du nach zwei Tagen ohne einen Hamburger in Versuchung geraten könntest, könnte die Grenze darin bestehen, am dritten Tag einen halben Burger zu essen und dir einen ganzen Burger zu gönnen, wenn du die Diät eine Woche lang durchhältst. Wenn du beschließt, unerwartete Besucher während deiner Arbeitszeit in deinem Heimbüro nicht zu empfangen, überlege dir, wie du ihnen diese Grenze mitteilen kannst. Vielleicht könntest du solche Besucher wegschicken, ihre Anrufe nicht entgegennehmen oder sie höflich abweisen, wenn sie auftauchen.

- Sobald du dich entschieden hast, welche Grenzen du setzen möchtest, schreibe sie auf und gehe sie mindestens zweimal täglich durch: einmal am Tag und einmal vor dem Schlafengehen. Wenn du sie zu Beginn des Tages durchgehst, wirst du daran erinnert, was du am Tag tun solltest, und wenn du sie vor dem Einschlafen durchgehst, wird dein Unterbewusstsein darauf aufmerksam gemacht, sich besser auf die Grenzen zu konzentrieren.

- Achte darauf, dass du deine Grenzen alle paar Tage überprüfst und kontrollierst, ob du sie einhältst. Wenn du dir zum Beispiel geweigert hast, dich während deiner Arbeitszeit mit Freunden zu treffen, solltest du deine Gefühle überprüfen. Ist es dir leicht gefallen, Nein zu sagen? Wann war es schwierig? Wie kannst du den Übergang noch reibungsloser gestalten? Konzentriere dich auf die eigentliche Ursache, und du wirst die Antworten leicht finden.

Du wirst erstaunt sein, wie schnell du deinen Erfolg in die Höhe schrauben kannst, wenn du anfängst, dir klare Grenzen zu setzen und diese dir selbst und anderen gegenüber mit mehr Klarheit zu kommunizieren.

4. Erstelle ein Belohnungssystem

Ein System von Belohnungen ist entscheidend für den Fortschritt im Leben. Ich habe vorhin kurz darüber gesprochen, wie man sich selbst belohnt. Jetzt möchte ich diesen Aspekt vertiefen.

Sich selbst zu belohnen ist ein entscheidender Teil des Erfolgs, denn es verschafft dir diese Dosis an Aufregung. Es verschafft dir den Adrenalin- und Dopaminschub, den du brauchst, um dich gut zu fühlen.

Du weißt bereits, was Adrenalin mit dir macht. Lassen wir uns nun ein wenig über Dopamin sprechen. Dopamin ist die "Belohnungschemikalie". Sowohl Dopamin als auch Adrenalin und viele andere Chemikalien sind Hormone, die dein Körper auf natürliche Weise produziert, wenn sie durch bestimmte äußere Einflüsse ausgelöst werden. Dopamin sorgt dafür, dass du dich gut fühlst; es steigert dein Glück, dein

Selbstvertrauen und deinen Enthusiasmus. Es gibt vier Hauptwege, um in den Genuss eines guten Dopaminschubes zu kommen:

- Erledigung einer Aufgabe

- Feiern kleiner Siege

- Aktivitäten zur Selbstfürsorge

- Essen von Lebensmitteln

Alle diese vier Aspekte haben mit Selbstkontrolle zu tun. Wenn du einen Meilenstein erreichst, steigt dein Dopaminspiegel. Wenn du diese Erfolge feierst und dich selbst belohnst, steigt dein Dopaminspiegel wieder an.

Eine gängige Methode, sich über einen Sieg zu freuen, besteht darin, ihn mit einem Teller Essen zu feiern, was wiederum den Dopaminspiegel in die Höhe treibt. Während du deine Selbstbeherrschung aufbaust, wirst du wahrscheinlich auch Aktivitäten zur Selbstfürsorge durchführen, die Wunder für deine Dopaminkonzentration bewirken.

Wenn du dich auf diese Aktivitäten einlässt, magst du dich selbst besser, fühlst dich selbst motiviert und es fällt dir leichter, an deinen Zielen festzuhalten und sie zu erreichen.

Nachdem wir festgestellt haben, wie du dich selbst belohnen kannst, um dich zu stärken, wollen wir uns nun auf die Schaffung eines Belohnungssystems konzentrieren.

Lass mich zunächst klarstellen, warum du ein Belohnungssystem brauchst und nicht nur eine Belohnung, die du dir hin und wieder gönnst.

Ein Belohnungssystem bedeutet, dass du eine Reihe verschiedener Belohnungen für verschiedene Meilensteine festlegst und diese jedes Mal einsetzt, wenn du einen bestimmten Meilenstein erreichst. Anstatt jedes Mal dieselbe Belohnung zu verwenden, lockst du dich selbst mit etwas Neuem und Erfreulichem, während du auf etwas hinarbeitest, das du wirklich tun oder erreichen willst. So bleibt dein Interesse an der Reise erhalten.

Leider verwenden wir manchmal eine bestimmte Belohnung so sehr, dass sie sich nicht mehr wie eine Belohnung anfühlt. Wenn du zum Beispiel jedes Mal eine Pizza zum Mitnehmen bekommst, wenn du die Bestellung eines Kunden abschließt, kommt dir das inzwischen wie Routine vor. Es reizt dich nicht mehr, und wenn es dir nicht gefällt, nimmst du es nicht mehr ernst. Dann verlierst du langsam, manchmal sogar sehr schnell, auch das Interesse an deinem Ziel.

Ein weiterer Fehler, den viele von uns bei der Festlegung von Belohnungen begehen, besteht darin, für jede Art von Erfolg denselben Preis zu verwenden. Du kannst zum Beispiel Kleidung einkaufen gehen, egal ob du 5 Pfund oder 7 Pfund oder sogar 20 Pfund abgenommen hast. Dadurch sinkt auch dein Interesse an dem Ziel, weil du das Gefühl hast, dass deine Bemühungen nicht genug gewürdigt werden.

Der beste Weg, um diese Probleme zu bewältigen, ist der Aufbau eines narrensicheren Belohnungssystems.

- Für jeden Plan zur Änderung von Gewohnheiten hast du bereits die Meilensteine festgelegt.

- Beurteile die Art der Meilensteine und wie du dich bei jedem Ziel fühlst. Beispielsweise sind 10 Minuten Sport pro Tag vielleicht keine große Aufgabe. Da du jedoch ein halbes Jahrzehnt lang keinen Sport getrieben hast, könnte dies für dich eine große Aufgabe sein.

- Wenn du dir ein Bild davon gemacht hast, was ein Meilenstein für dich bedeutet, gib ihm einen bestimmten Stellenwert: wichtig, sehr wichtig, am wichtigsten oder so ähnlich.

- Überlege dir als Nächstes einige gesunde Belohnungen, die du dir nach Erreichen des Meilensteins gönnen könntest. Die Belohnungen können auch etwas Ungesundes in einer kontrollierten Menge sein. Wenn du dir zum Beispiel nach zwei Monaten gesunder Diät und Portionskontrolle ein Stück Schokoladenkuchen gönnst, ist das in Ordnung, solange du es nicht übertreibst und dir den ganzen Kuchen gönnst.

- Schreibe alle Belohnungen in dein Tagebuch und beschreibe, wie wertvoll sie für dich sind, jede einzelne.

- Ergänze jeden Meilenstein mit einer entsprechenden Belohnung, je nachdem, wie wichtig er für dich ist. Wenn ein einwöchiger Urlaub die wertvollste Belohnung ist, dann genieße ihn, wenn du deinem fitnessbasierten Aktionsplan zwei Monate lang treu geblieben bist.

- Verbinde jeden Meilenstein mit einer Belohnung und trage ihn in deinen Kalender ein - Google Calendar ist eine großartige App, die dein Leben vereinfachen kann. Verwende sie zu diesem Zweck und zur Erstellung all deiner anderen Routinepläne.

- Halte dich an das Belohnungssystem und behalte es genau im Auge. Jedes Mal, wenn du kurz vor dem Erreichen eines Ziels stehst, solltest du einen Moment darüber nachdenken, was diese Leistung für dich bedeuten kann.

Wenn du das feste Belohnungssystem einführst, analysiere es regelmäßig, um zu prüfen, ob es für dich funktioniert. Wenn eine bestimmte Belohnung keinen Glanz hat oder nicht effektiv genug ist, um dich an dein Ziel zu binden, ersetze sie durch etwas Belohnenderes.

5. Hüte dich vor Auslösern und emotionalen Schaltern

Klarheit ist wichtig. Sie ist wichtig, wenn es darum geht, Ziele und Grenzen zu setzen, und auch, wenn es darum geht, deine emotionalen Schalter und Auslöser zu kennen.

In verschiedenen Lebenssituationen werden wir zwangsläufig unterschiedliche Emotionen erleben. Selbst wenn wir sie vollständig beherrschen, erleben wir sie, was gut und richtig ist. Unsere Emotionen geben uns Aufschluss darüber, wie wir uns fühlen, wie verschiedene Faktoren uns beeinflussen und wie unsere Reaktion oder Antwort unser Leben prägt. Wenn du beginnst, dir deiner Emotionen bewusst zu werden, solltest du versuchen, deine Emotionen sehr gut zu verstehen, einschließlich ihres Einflusses auf deine Verhaltensweisen und dein Leben.

- Nachdem du beschlossen hast, an einer bestimmten Gewohnheit zu arbeiten, untersuche noch einmal, wie du sie ausübst, was der Auslöser für diese Gewohnheit ist und warum du an ihr festhältst.

- Nimm jeden dieser drei Teile der Gewohnheitsschleife und denke an die Gefühle, die in der Schleife eine Rolle spielen. Wenn du zum Beispiel rauchst, wenn dein Freund dich besucht, welche Emotionen erlebst du dann? Rauchst du mit ihm, um dich zu freuen, oder weil du deine Frustrationen bei einer Zigarette mit einem Freund loswerden willst?

- Es ist in Ordnung, so viele Emotionen wie möglich zu benennen, die eine bestimmte Gewohnheit beeinflussen. Schreibe sie auf.

- Ermittele außerdem alle möglichen Emotionen, die bei jedem der drei Punkte - Auslöser, Routine und Belohnung - eine Rolle spielen. Eine einfache Möglichkeit, das zu tun, ist, sich Fragen zu stellen wie: Fühle ich mich erleichtert, wenn ich dies tue? Oder hilft es mir, Stress abzubauen? Oder verschafft es mir Vergnügen?

- Konzentriere dich nun darauf, nach diesen möglichen Emotionen Ausschau zu halten, wenn du im Begriff bist, ein bestimmtes Verhalten an den Tag zu legen.

- Wann genau fühlst du dich gestresst, bevor du eine Zigarette rauchst? Hast du vorher Kopfschmerzen? Oder fühlst du dich überlastet, und dieses drohende Gefühl führt zu Stress und dann zum Rauchen?

- Achte auf diese Symptome, und wenn du sie erkannt hast, arbeite daran, diese emotionalen Hinweise und Auslöser zu bewältigen.

- Suche nach Möglichkeiten, dich zu beruhigen. Im folgenden Kapitel werde ich einige wertvolle Übungen vorstellen, die dir dabei helfen können.

- Wie bereits erwähnt, kannst du dich auch mit verschiedenen Aktivitäten ablenken. Emotionen, die Versuchungen auslösen, sind nicht real. Sobald du dich ablenkst, verlierst du den Fokus auf sie. Dann musst du dich daran erinnern, was du eigentlich tun solltest, um deine Aufmerksamkeit darauf zu lenken.

- Nenne außerdem die Emotion, die du in diesem Moment empfindest, und bestätige verbal, dass du sie erlebst. Du kannst das sogar aufschreiben. Wenn du zum Beispiel traurig bist und Lust auf ein oder zwei Gläser hast, sage: "Ich bin traurig und möchte trinken." Sobald du den emotionalen Auslöser und die Versuchung verbal bestätigt hast, atme tief durch und frage dich, ob du das wirklich willst. Du könntest zum Beispiel sagen: "Bin ich nur in Versuchung, oder will ich es wirklich?" Vertraue darauf, dass du eine klare Antwort erhalten wirst. Jetzt liegt es an dir, die echte Antwort nicht zu ignorieren und ihr stattdessen nachzugeben, indem du dem Auslöser nicht nachgibst.

Wie bei allem anderen ist es auch hier wichtig, dass du deine emotionalen Signale im Auge behältst, damit du besser verstehst, welche Emotionen du besser in den Griff bekommen und welche mehr Überwachung brauchen.

---

6. Konzentriere dich auf das große Ganze, um langfristiges Wachstum und nachhaltige Gewohnheiten zu erreichen

Du bist nicht innerhalb eines Wimpernschlags dorthin gekommen, wo du jetzt bist, oder? Damit etwas Sinnvolles in deinem Leben bleibt, musst du dich auf den Aufbau langfristiger, nachhaltiger Gewohnheiten konzentrieren. Genauso wenig kannst du deine Selbstbeherrschung stärken, starke Gewohnheiten aufbauen und dein Leben mit einem Fingerschnippen zurückerobern.

Wenn du versuchst, gesünder zu werden, solltest du dich langfristig dafür einsetzen. Wenn du körperlich fit werden willst, denk nicht nur daran, die 10 Pfund zu verlieren, sondern konzentriere dich auf den Aufbau von Muskelkraft. Hör nicht auf zu trainieren oder dich gesünder zu ernähren, sobald du dein Wunschgewicht erreicht hast, sondern leg dir diese Gewohnheit auf Dauer zu, damit sie dir erhalten bleibt und du in der bestmöglichen körperlichen, geistigen und emotionalen Verfassung bleibst.

Hier sind einige wichtige Ideen, um sich auf das große Ganze zu konzentrieren und langfristiges Wachstum zu schaffen.

Behalte deine Grundwerte immer im Blick. Gehe sie mindestens ein paar Mal pro Woche durch und frage dich, ob du sie auch wirklich befolgst. Wenn du in einem Bereich ein "Nein" als Antwort erhältst, überlege, was du vielleicht nicht richtig machst und wie du das Problem beheben kannst.

Baue jede Woche auf deinen überzeugenden Gründen auf. Du weißt doch, wie man sie herausfindet, oder? Führe diese Übung regelmäßig durch, um sicherzustellen, dass du mehr Gründe findest, warum du ein Ziel erreichen willst, und um deine Selbstkontrolle zu stärken.

Wir verändern uns ständig: Situationen, Erfahrungen und verschiedene Nuancen, die wir im Leben erleben, beeinflussen uns. Das bedeutet, dass sich auch unsere zwingenden Gründe ändern sollten, manchmal nicht vollständig, aber in ihrer Intensität oder Form mit einigen Modifikationen.

Vielleicht ist es dir jetzt, da du miterlebt hast, wie eine Freundin einen geliebten Menschen verloren hat, wichtig, dass die Momente in deinem Leben zählen und du gesünder lebst. Vielleicht spürst du jetzt, dass dein Körper schmerzt, und erkennst, wie wichtig es ist, auf Fast Food zu verzichten und dich gesünder zu ernähren. Unsere zwingenden Gründe sind offen für Veränderungen. Akzeptiere diese Realität und verpflichte dich dann, sie im Laufe der Zeit zu überprüfen und auszubauen, um weitere Gründe zu finden, warum du dich unerschütterlich dafür einsetzen musst, eine entsprechende Gewohnheit aufzubauen oder zu durchbrechen.

Mache die Visualisierung zu einem festen Bestandteil deines Lebens. Stelle dir jeden Tag vor, dass du es bis zur Ziellinie schaffst. Spiele das Video wiederholt in deinem Kopf ab, und wenn du siehst, wie du am Ende triumphierst, konzentriere dich auf das besondere Gefühl, das du in diesem Moment empfindest. Nenne es.

Ist es Zuversicht, Glück, Aufregung, Vertrauen, Freude, was genau? Nun musst du die Emotion mit einer bestimmten Geste verknüpfen, z. B. mit einem Fingerschnippen, dem Drücken zweier Finger, dem Klopfen auf den Arm oder etwas anderem. Dies ist eine Technik des neurolinguistischen Programmierens (NLP), die dir hilft, dein Denken und Fühlen neu zu strukturieren.

Du verankerst diese Emotion mit der entsprechenden Geste, sodass du jedes Mal, wenn du die Geste übst, die jeweilige Emotion erlebst. Mit dieser Technik kannst du dich innerhalb weniger Augenblicke glücklich, stark, zuversichtlich usw. fühlen.

Stelle sicher, dass du die gewählte Geste ein paar Mal übst, wenn du an die Emotion denkst, um die beiden erfolgreich zu verankern. Probiere nun die Geste aus und spüre, ob du die Emotion spüren kannst. Wenn du es nicht sofort spürst, gehe die Schritte noch einmal durch. Jedes Mal, wenn du das Gefühl hast, die Kontrolle über deine Emotionen zu verlieren, stelle dir vor, dass du es bis zur Ziellinie geschafft hast, und versuche die Verankerungstechnik; du wirst deine Kraft zurückgewinnen und wieder in die Spur kommen.

Diese sechs Gewohnheiten der Selbstbeherrschung sind das, was du brauchst, um alles in

Ordnung zu bringen. Du kannst alles schaffen, wenn du an all diesen Gewohnheiten arbeitest, aber bitte denke daran, eine nach der anderen zu tun. Ergänze den Prozess, indem du deine Energie managst, Sport treibst und dich öfter entspannst, um alles richtig zu machen.

Geschaffen für den Erfolg: Fazit

Nun, da wir am Ende dieser kurzen Reise angelangt sind, möchte ich dich ermutigen, das Material noch einmal durchzulesen, indem du jeden Tag gleich morgens 15 Minuten investierst. Wähle ein Kapitel oder ein Schlüsselprinzip, auf das du dich an diesem Tag oder in dieser Woche konzentrieren möchtest, und nimm dir ein paar Minuten Zeit, um es durchzulesen und die Strategien im Laufe des Tages umzusetzen.

Bedenke dies: Dein Leben ist die Summe der Bemühungen jeder Entscheidung, die du triffst. Oder nicht triffst. Wenn du eine strategische Entscheidung triffst, etwas zu tun, jemand zu sein oder dein Leben auf eine bestimmte Weise zu leben, beginnt dein Verstand, Wege zu finden, um diese Reise zu gestalten.

Du existierst nicht nur im Raum. Du hast die Schlüssel zum Universum erhalten. Die Tür zu allem, was du tun und sein träumst, liegt direkt vor dir. Du musst nur den Schlüssel benutzen, um die Tür aufzuschließen und in eine neue Lebensweise einzutreten.

Worauf wartest du noch? Es gibt keine Garantie, dass es ein Morgen gibt. Nutze deine Chance jetzt.

Während wir uns auf unbekanntes Terrain begeben, möchte ich dich mit diesen Worten des legendären Dichters **Robert Frost** verabschieden:

Ich werde dies mit einem Seufzer erzählen

Irgendwo in einer längst vergangenen Zeit:

Zwei Wege kreuzten sich in einem Wald, und ich ...

Ich habe den Weg genommen, der am wenigsten befahren wurde,

Und das hat den ganzen Unterschied ausgemacht.

Wir sehen uns auf der anderen Seite der Tür,

Scott Allan

Über Scott Allan

Scott Allan ist ein internationaler Bestseller-Autor von über 30 Büchern, die in 16 Sprachen veröffentlicht wurden und sich mit persönlichem Wachstum und Selbstentwicklung befassen.

Als ehemaliger Business-Trainer in Japan und **Transformational Mindset Strategist** hat Scott über 10.000 Stunden Forschung und Lehrcoaching in die Bereiche Selbstbeherrschung und Führungstraining investiert.

Mit seiner unermüdlichen Leidenschaft für das Unterrichten, den Aufbau wichtiger Lebenskompetenzen und die Inspiration von Menschen auf der ganzen Welt, ihr Leben selbst in die Hand zu nehmen, hat sich Scott Allan einem Weg der **ständigen und nie endenden Selbstverbesserung** verschrieben.

Viele der Erfolgsstrategien und Materialien zur Selbstermächtigung, die das Leben auf der ganzen Welt neu erfinden, stammen aus Scott Allans 20-jähriger Praxis, in der er Führungskräften, Privatpersonen und Geschäftsinhabern wichtige Fähigkeiten vermittelt hat.

www.scottallanbooks.com

Scott Allan **S A**
BOOKS

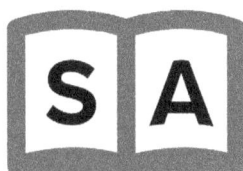

www.ingramcontent.com/pod-product-compliance
Lightning Source LLC
Chambersburg PA
CBHW031924190326
41519CB00007B/408